中学校

実務が必ずうまくいく

加藤幸太 [著]

数学科主任の仕事術

55の心得

明治図書

はじめに

　私は自分の授業が嫌いでした。

　自分なりに工夫したつもりでも，考えさせたい論点が伝わらず，生徒にとって魅力のない授業を繰り返しました。授業を基本から学びたいときに支えとなったのは，同僚の先輩方の教えであり，地域の数学科部会からの刺激であり，専門の先生方からの知見であり，研究仲間との切磋琢磨であり，本からの示唆でした。気づけば20年以上も試行錯誤を繰り返しています。

　今は，若い先生方が増え，世間の目も厳しくなり，私の若いころよりもさらに不安を抱えながら授業を行っている先生が増えたのではないでしょうか。

　そうであれば，若い先生方を支える先輩にこそ，できることがあるはずです。この若手育成の観点１つをとっても，数学科主任を担うベテラン・中堅教師の努力で貢献できる面はたくさんあります。

　さて，あなたは数学科主任という立場に対してどんな力が必要だと思いますか。若手育成（第２章）だけでなく，数学科全体の方針を立てて教科経営をする力（第１章），自分自身の日常の授業を高める力（第３章），校内の他教科と連携する力（第４章），地域の研究を推進する力（第５章），新たな授業を開拓する力（第６章）などがその主たるものと考えます。

　本書はこれら６つの力をイメージしながら，それぞれを章として55の心得をまとめたものであり，どの章からでも読み始めることができます。

　第１章では，年度当初から高い見通しをもつために，どんなことに気配りをすればよいかを示しました。私自身，数学科主任の４月の動き方１つで，数学科全体・学校全体の１年間の意識が変わることを経験してきたからです。

　第２章では，若手育成のコツを，特に話し方や聴き方などの授業実践力を

中心に示しました。私が千葉大学教育学部附属中学校に勤務したころに，多くの実習生を指導した経験から実感していることをまとめたつもりです。

　第3章では，数学科主任自身の日常的な授業を見直し，自分の土台をもう一度見つめ直す内容を示しました。この章は，数学科主任という立場でなくとも，授業力を高めたいという熱意ある数学科の先生方にも参考にしていただきたいと願い，私の実践に基づいてご紹介しました。

　第4章では，校内の他教科との連携について示しました。学校全体の研究主任を務めた経験からも，生徒のために全教科で統一するべきこともあります。一方で，授業者の個性を尊重し，工夫の余地を残すことも大切です。

　第5章では，地域の研究を推進するためのベテラン・中堅教員の貢献について考えてみました。多忙を極める業務の中で行う実践研究には，少ない時間で大きな成果が出せるようなサポートが求められます。

　第6章では，新たな授業を開拓する取組を示しました。本章の内容は，筆者個人の問題意識に沿った内容ですので，一般的ではない内容も含まれているかと思います。しかしながら，数学教育を少しでも前進させようとする心意気だけはお伝えできるのではないかと考え，恐縮ながらご紹介させていただきました。

　以上の内容が，読者の先生方の背中を後押しして，授業改善という試行錯誤を続ける同志たちをつなぎ，前に進める一助となることを願っています。

　最後になりましたが，企画・出版に際して，明治図書の矢口郁雄氏には大変お世話になりました。また，これまで私に多くの学びをくださった地域の先生方，数学科の先生方，研究仲間の皆様，その他関係者の皆様に心より御礼を申し上げます。

2025年2月

加藤幸太

第1章
年度当初の方針を固める

01 「チーム数学科」としての ビジョンを示す

おそらくだれもが目指している「チーム」としての組織づくり。
数学科主任として，数学科教師集団を「チーム」にするためには，
どんなポイントがあるだろうか。

年間の業務の見通しを共有する

あなたが数学科主任になったときに，まず気を配るべきは，見通しを共有することです。いつごろまでにどの単元まで進めるのか，テスト問題はどこまでの扱い方を各クラス共通とするのか，いつまでにだれが何年生の成績素案を作成するのか，研究授業前にいつから検討会を行い何回行うのか。数学科に関わるこういったすべての業務が対象となります。

数学科の教師が多い学校や研究校などでは，数学科教師間での情報共有がより重要になります。1クラスだけ進みが遅くてテスト範囲が狭まってしまったり，指導案検討会の予定がわからないまま授業者だけが悩んでしまうことのないように，見通しを共有したいところです。

そのためには，**「数学科だより（月予定表）」を数学科教師用に作成することも有効**です。このような見通しを共有することで「チーム数学科」としての協働の動きをつくり出していきたいものです。

みんなで分担し，みんなで感謝し合う

若手教師を安心させるためにも，協働の意識を高めるためにも，ぜひ年度当初から**「みんなで分担し，みんなで感謝し合おう」**を合言葉にしてはいかがでしょうか。きっと仲のよい数学科，支え合う数学科に近づけるはずです。

例えば，テスト採点を分担することがあげられます（心得38参照）。テスト作成者がすべて採点した方が問題の趣旨を十分理解しており，採点がブレにくいという意見もあると思います。しかし，同じ学年を担当する他の教師（場合によっては他学年担当でも）にも採点に協力してもらい，分担することで，お互いに感謝する風土が広がると思います。この風土こそ「チーム数学科」を推進する力になるでしょう。

お互いに授業力を高め合う

　同じ数学科の教師だからこそ「授業力を高める」という志を共有したいものです。特に，若手教師が多い職場は「教え，教えられる関係」と思われがちですが，ベテランの教師も決して100点満点の授業ができるわけではありません。むしろ，授業には100点や０点は存在せず，だれにも反省点があり，だれからでも学ぶところがあるはずです。

　そこで，まずは「いつでもお互いの授業を参観し合おう」という声をかけたいものです。原則としては，できるだけ教室のドアは開けておき，いつでもだれでも参観できるような環境づくりを心がけたいものです。

　さらに，**数学科主任自身が授業を積極的に公開し，意見交換をしようとする前向きな姿勢を見せたい**ものです。若い先生が参観してくれたときには，「ほめ言葉」だけをもらうのではなく，「気になった点はなかった？」のように問いかけ，若い先生の意見を吸収するように努めましょう。

　また，授業を参観しなくても，「今度こんな題材で授業しようと思うんだけどどう？」と意見を求めたり，「プリントをつくったらお互いに見せ合おう」などの日々の会話を通して，「チーム数学科」を創り上げていきます。

　見通しと感謝の風土をつくり「チーム数学科」を目指そう。
　授業について語り合える「チーム数学科」に。

02 数学科共通の 授業規律を決める

 若手からベテランまでこだわりは様々あるはず。その中でも，若手を支えるためにはどんな授業規律が重要だろうか。また，どんな授業規律を教師間で共通にするべきだろうか。

数学科としての授業規律を共有する

あなたは，どれくらい授業規律を細かく設定していますか。例えば，「発表する人は起立していすをしまって発表する」という規律に賛成の方もいれば，反対の方もいると思います。礼儀正しくけじめのある行動を求める方は賛成が多いかもしれません。自然な対話こそが自然な学びを生み出すと考える方は反対が多いかもしれません。また，生徒の統率に自信のない先生には前者の方が安心かもしれませんし，生徒を統率できる方には後者の方がのびのびと学ぶ環境をつくり出せるかもしれません。

このように，授業規律は教師の価値観や指導力によって異なります。数学科主任としては，そのような中で，**若手に配慮しながらどこまでの授業規律を共通しておくかを話し合っておくことが必要**です。

教師のこだわりポイントには一長一短ある

例えば，次のような点が教師によって差が出やすい規律だと思います。
①授業開始時に教科書を開かせておくかどうか。
②教師が話をするときに生徒は手を止めるべきかどうか。
③生徒同士の対話場面で座席移動を認めるかどうか。
④いわゆる「置き勉」を許すかどうか。

これらは一長一短あり，教師のこだわり方によって規律が異なります。

　①は，教科書を開く習慣がある方が授業開始がスムーズで，授業中に教科書を取りに行く生徒が減ります。一方，教科書を開かせない方が，答えが見えないため，自分なりの試行錯誤を促しやすくなります。

　②は，手を止めさせた方が教師の指示が通りやすく授業が安定します。一方，生徒は窮屈に感じ，教師の話を即座に書き留めにくくなります。

　③は，班内や隣の生徒に限定した方が授業は落ち着いて進みますし，孤独になる生徒も生まれません。一方，座席を離れた方が対話が進み，学習が深まる生徒がいることも事実です。

　④は，「置き勉」を認めず持ち帰らせた方が，家庭学習が進むでしょう。一方で，許可した方が，必要なものを必要に応じて持ち帰る自主的な生徒を育てることにつながります。

自分の学校，同僚にふさわしい授業規律を相談する

　ここでは，数学科全員が納得できるこだわりポイントの例として，「生徒の自由度」を例とします。学校全体が不安定で，生徒の自由度を上げると一部の生徒が度を過ぎた行動をしがちな場合，自由度は下げてでも，規律正しい学習習慣を目指す先生方が多いのではないでしょうか。

　一方で，学校自体が落ち着いている場合，「授業用の学び方」ではなく，日常の学びと同様の「自然な学び方」であることが，将来につながるかもしれません。

　このように，**校風や生徒の実態をも考慮したうえで，若手でも無理のない範囲で，どこまでを数学科共通とするべきか，相談しておきましょう。**

教師によって異なるこだわりポイントの長所短所を見極め，自分の学校の実態にふさわしい授業規律の共通事項を相談しよう。

03 授業開きから，楽しみながら 授業規律を浸透させる

> 授業開きはガイダンスだけでよいのだろうか。ガイダンスは授業規律の押しつけに見えることも多い。それならば，ワクワクする授業を通して生徒と一緒に授業規律をつくれないだろうか。

楽しみながら授業規律も学ばせる

　授業規律を浸透させるには「黄金の三日間」あるいは「はじめの３回の授業」が勝負だと言われます。しかし，第１時から教師のガイダンスだけで進むと，授業規律の押しつけになりがちで，生徒の前向きな気持ちが停滞してしまいます。

　そこで思い切って「授業を楽しみながら授業規律も学ぶ」というスタンスはいかがでしょうか。配付物の記名など最低限の事務手続きを終えたら，**早ければ第１時の後半から，自分の一番得意な授業を実践することで，生徒たちを強く惹きつけ，前向きな態度を養える**のではないでしょうか。

　私の場合は「ケーキ等分問題」「３÷０＝？」「"526526" のように繰り返しのある６桁の数」「ぶどう算」などの題材を通して，発展的に問いを生み出す授業を２時間扱いで行っています。このような授業を通して，「問いをつくり出すことが大切だ」「ノートは写すだけではなくて，自分のメモでまとめるものだ」「班で話し合うときは，班全員がわかるように話し合うものだ」などの授業規律を体験的に学ばせたいからです。

体験的に学ばせやすい授業規律

　氏名の確認や持ち物の説明など，学習前に最低限のルールを確認する必要

はあります（心得32参照）。しかし，ここでは特に，学習活動を進めながらでこそ指導しやすい態度面の授業規律について例を示します。

・だれかが発表しているときは，しっかりと聞こう。
・班にするときは，座席をしっかりくっつけて，ノートを見せ合おう。
・仲間のよい発言や考え方，自分なりの疑問はノートのメモ欄に書こう。
・振り返りは未来の自分に向けてのメッセージのつもりで書こう。
・解決できたときには，次の問いを立てよう。

「学び方」を振り返らせる

　2時間扱いの授業の最後には，数学的な内容よりもぜひ「学び方」について振り返らせましょう。「この2時間でどんな学び方をしてきたのか」「学び方をさらに改善するためにどうしたらよいか」のようにテーマを指定してもよいと思います。この活動が，昨年度と今年度を比べる長いサイクルでの自己調整となります。そして，ここで振り返った内容こそが，生徒自身が主体的に調整しようとしている授業規律になるのだと考えます。

　さらに「指導に生かす評価」とするために，ひと言アドバイスを返せると最高です。そして，1か月以上経ったころに，もう一度この記述を振り返らせて，初心を取り戻させることで，次につながりやすくなります。

　また，私は「振り返り上手になろう」というメッセージを送ることがよくあります。そのために，**初期のうちから「よい振り返り」の例を次時で全体共有する**ように心がけています。振り返り上手な仲間の記述内容と，自分の記述内容を比べることは，自分自身の振り返り方を自覚する場面とも言えます。これにより，さらに前向きに取り組む生徒が増えるでしょう。

授業規律は，押しつけではなく，楽しみながら浸透させよう。「振り返り上手」を目指した初期指導で主体性を育てることも重要。

04 評価方法（知識・技能）を共有する

CHECK!

評価問題を作成したのに，隣のクラスでまったく同じ問題を授業で扱っていたため出題できなかったという経験はないだろうか。特に原理・原則や方法知の評価は授業前からの共通理解が重要。

評価に向けて授業を組み立てる

指導した内容に基づいて評価問題を考えることはもちろんあります。しかし，評価問題を先にイメージしておいて，その評価に見合う授業を行うこともあります。「ここが単元のポイントだ」というところだけでも，授業前から評価問題をイメージしておくと，指導と評価が一体化します。

例えば，2年生の図形領域では，「証明は，仮定を満たすどんな図形であっても結論が成り立つことを示す」という一般性を扱います。この学習を対頂角のときから扱うのか，合同条件を用いた証明のときに扱うのかといった時期だけでなく，どのように評価するかという評価問題まで事前に決めておく必要があります。**長い図形領域のどこでどのように扱うのか，クラス間で差が生まれてしまうから**です。

原理・原則を評価問題に取り入れる

知識・技能の評価というと，正確に計算できるかを問うような技能面に偏りがちではないでしょうか。確かに基礎・基本として大切ではありますが，これからの AI 時代に正確な計算能力がどれだけ求められるかは未知数です。そこで大切になるのは，解き方・考え方の背後にある原理・原則を理解できているかという点ではないでしょうか。そして，このような知識は，教師に

よる差が大きいため，ある程度の統一が必要です。

　例えば，1年生の方程式で右の評価問題を授業より先に決めておくとします。

　すると，授業では等式の性質を丁寧に扱うことになり，「$x-3+3=7+3$」のような計算を多めに経験させる必要が出てきます。生徒にとっては「途中式が面倒だな」「$-3+3$の部分はどうせ0になるから書かなくてもいいのに」と実感する時間になるでしょう。またその後も，等式の性質と移項を行き来しながら習熟させることになるでしょう。

> 移項すると符号が変わる理由がわかるように，次の途中式を完成させなさい。
> $$x-5=7$$
> $$\boxed{}=\boxed{}$$
> $$x=7+5$$

　このように，原理・原則を評価問題に入れることを授業前から共有しておくことで，原理・原則を重視した授業が実践されることになります。**経験の少ない若手教師には，「移項を教え込む授業にならないように」という趣意を数学科主任から補足的に説明することも重要**になってきます。

方法知を評価問題に取り入れる

　方法知を評価する場合も同様のことが言えます。例えば，$x^2+8x+15$を因数分解するときは「"たして8"からではなく，"かけて15"から選択肢を絞る」という方法知が重要です。しかし，この扱い方は教師による差が大きく，練習問題に偏る授業も見られます。そこで，**この方法知を評価することを事前に共有してから授業を計画します**。すると，方法知がまとめとなるように「因数分解を速く解くコツは何？」のような問いを設定することなどが教師間で共有されるでしょう。

単元のポイントとなるところは授業より前に評価問題を共有したい。
原理・原則や方法知の理解は特に事前の相談が効果的！

05 評価方法（思考・判断・表現）を共有する

思考・判断・表現の観点はどのように評価計画を立てるべきか。授業中の生徒の反応からも，レポートからも評価できるため，教師間の差が生まれないような準備が知識・技能よりも必要になる。

評価に向けて授業を組み立てる

　心得4と同様に，「思考・判断・表現」の観点においても，定期テスト等の評価問題を先に計画し，その評価に応じた授業を行うことがあります。

　例えば，2年生の文字式を用いた説明で「結論から先に考え，目的に応じた形に式変形する」という逆向きの考え方を評価するとします。それに対応して，授業では下の板書の「偶数＋偶数＝偶数」を証明するために「ウ」の式は「エ」から逆向きに考えて「2×整数にしたい」という逆向きの考え方を強調して，「イ」から分配法則で計算するという指導が考えられます。

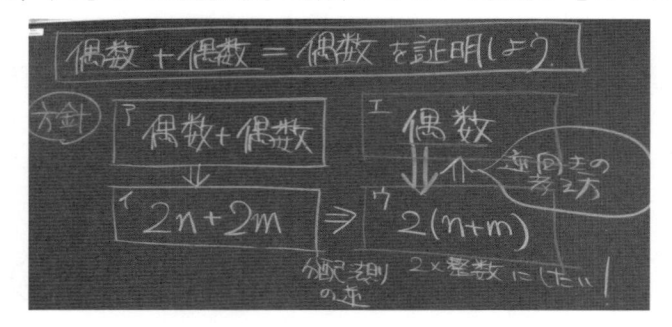

授業中の思考を評価に取り入れる

　思考・判断・表現の評価は，**授業中の生徒の様子を評価する**ことも重要に

なります。例えば，連立方程式の単元では「これまでに習った形に近づける」という考え方があります。単元導入時は「二元を一元に近づける」という考え方がその一例になり，その後の「係数をそろえる」もその一例となります。このような場面で，左下の板書のように，空のふきだしを板書して，そこに「係数をそろえる」などの考え方を書く経験を繰り返します。すると，考え方を記入することが定着したところで，次の「小数を整数にする」という場面では，実際に生徒自身にふきだしの中を考えさせることができます。このとき，机間指導で○つけをして評価することも可能です。最後に全体で確認し，右下の板書のようにまとめます。

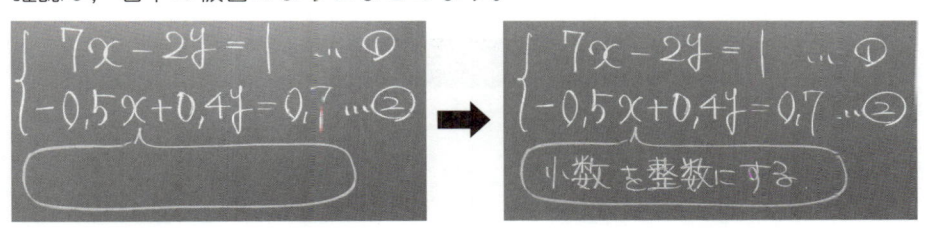

レポート課題を評価に取り入れる

　思考・判断・表現では，レポート課題も有効です。レポートには，①ワークレポート，② LookBack レポート，③単元レポート，④発展レポートなど多様な方法があります（②〜④は心得48参照）。

　レポートは生徒の思考・判断・表現が可視化しやすいため，評価しやすいというメリットがあります。反面，生徒も教師も負担が大きいというデメリットがあります。**頻繁に実施するのは難しいので，4月当初から課題を出すタイミングを計画しておくことが必要**となります。

心 得 ⑤

「思考・判断・表現」も先に評価問題を考えることが有効。授業中やレポートでの評価も効果的なため，4月当初から計画したい。

06 評価方法（主体的に学習に取り組む態度）を共有する

「主体的に学習に取り組む態度」を評価できるのはどのような授業か。また，１つの題材内での試行錯誤だけでなく，「学び方」のような長期スパンでの試行錯誤も評価計画に含めたい。

評価に向けて授業を組み立てる

　心得４，５と同様に，「主体的に学習に取り組む態度」の観点においても，評価方法を先に計画し，それに応じた授業を行う必要があります。特にこの観点は「生徒なりに粘り強く考え，調整する場面」をつくり出す必要があります。平たく言えば，**生徒が悩んだり，試行錯誤したりしながら，よりよい考えに近づいていくような授業場面でこそ正当な評価ができるはず**です。さらに，**指導に生かす評価場面と記録に残す評価場面を設定するためには，単元計画の中で，少なくとも２回は指導→評価を繰り返す必要があります。**このことを教師間で共通理解して，計画的に進めましょう。

授業中の思考を評価に取り入れる

　例えば，心得５で例示した「偶数＋偶数＝偶数」の題材を解決した後に，条件を少し変えて「奇数＋奇数＝偶数」「３の倍数＋３の倍数＝３の倍数」のように次の問題に発展させようとするところを，１つの指導・評価の場面と捉えます。また，それらを解決する場面も指導・評価の場面と捉えます。このような場面では，教師が決めるのではなく，生徒たちが自分なりの問いや，自分なりの方法を考える時間を十分に取りましょう。**十分な時間があってこそ，粘り強さや調整の試行錯誤が見られる**からです。

長いサイクルで学び方を調整する機会をつくる

授業中の問題解決過程のような題材に依存する短いサイクルではなく，授業中の学び方を調整するような長いサイクルでの試行錯誤もあります。ここでは，その一事例として　授業中のメモの取り方について振り返らせるLookBackレポートの取組を紹介します（心得48参照）。

私は，生徒のノートにメモ欄をつくらせて，自分なりに気づいたことや浮かんだ問いなどを書くように指導しています（心得28参照）。しかし，メモ上手な生徒もいれば，そうでない生徒もいます。そこで，メモの効果を生徒が自覚しやすいテスト返しの場面で，テスト直しの代わりに，問題の中の1問に絞って「なぜ間違えたのか」「関連したメモは書けていたのか」「書けていたらなぜ生かせなかったのか」などを振り返らせたうえで，「今後のメモの取り方」を考えさせます。下は「今後のメモの取り方」の記述例です。

○予想やその問題のコツについてメモを入れていきたい。

○まわりの人ではなく，自分がわかる，見返したくなるメモを取る。

○授業中に間違えた問題について考え，「なぜ間違えたのか」をよく考え，今後そのような間違いがないようにメモをしたい。

○授業の先を予想してメモをする。

○メリット・デメリットを探したり，他の人の意見や考えを書く。

このような取組を行うために，レポートでの評価タイミングだけでなく，メモの取らせ方の指導内容も含めて年度当初から共通理解を図りましょう。

 生徒が自分なりの問いや方法を考える時間を十分に取ろう。
また，短いサイクルと長いサイクルの両面から計画を進めよう。

07 数学科内の分担を決める

平等な仕事分担とはどのようなものか。若手とベテランで仕事量が同じはずはないため，多くの配慮が必要になる。また，数学科主任自身の分担量も十分に考える必要がある。

１年間の業務を分配する

　ここでは，数学科教師が４人以上いるような規模の学校を想定しています。４人以上いると，３つの学年のテスト作成や成績処理を平等に分担することは難しくなります。そこで，テスト作成や成績処理以外の数学科業務（下の例を参照）をリストアップして分配する必要があります。

○定期テストの問題作成・印刷・製本
○定期テストの採点処理・返却準備
○学期ごとの評価・評定の原案作成
○小テストや単元テストの作成，処理
○Ｔ．Ｔ．実施の場合のＴ１・Ｔ２の分担
○ワークなどの副教材の回収・点検
○研究授業の授業者
○掲示物の作成
○他校や他教科との外渉
○その他学校独自の業務

若手教師への配慮の仕方

　教師は1年目から見習いではなく現場で実践が始まる仕事です。だからこそ，早い段階で「目指すべき授業」と出合うことは大切です。T.T.を例にすると，T1とT2の両方を経験させたいところです。T2として先輩から学び，T1として自分なりの実践ができるからです。また，テスト作成や処理は第1回は主担当にせず，2回目から作成が始まるようにします。一方，採点業務はぜひチームで進めたいところです（心得1参照）。作問者が1人で学年全員分を採点するメリットもありますが，若手の育成にはつながりません。**テスト後に採点基準をすり合わせる時間が，若手の研修になります。**

数学科主任は分担を減らしてもらう

　数学科主任に限らず，「○○主任」をはじめて任された教師に，「責任をもって自らたくさん仕事を受けもとう」と考えがちです。しかし　次の2つの理由から，数学科主任の分担は少なくしてもらえるように，あらかじめ同僚から了承をもらいたいところです。

　1つ目は，**年度はじめに分担を決めても，途中から「計画外の仕事」「分担と分担の間の仕事」が生まれるから**です。そのときこそ数学科主任が動く必要がありますが，年度当初から仕事が膨大では動きようがありません。

　2つ目は，**数学科の同僚に感謝する場面が増えるから**です。同僚に感謝することで，お互いの感謝の関係が広がります。1人で抱えず，「皆さんのおかげで1年間運営することができました」と終われるような分担を目指してはいかがでしょうか。

1年間の業務をできるだけ年度当初からリストアップしておこう。
若手と数学科主任自身の分担は軽減しよう。

08 成績処理の分担を決める

CHECK!

大仕事となる成績処理。見通しをもつためには，いつごろからテスト範囲を決めるべきだろうか。問題の検討はどれくらいするべきだろうか。テスト後にはどう反省するべきだろうか。

テスト範囲は2段階で決める

テスト範囲はいつごろ決めているでしょうか。多くの学校はテスト2週間前に生徒に連絡しているのではないでしょうか。生徒向けにはその時期で大丈夫ですが，教師間ではもう少し早い段階での共有が必要です。

その理由は，複数の教師が同じ学年をみるときには，教師によるこだわりが強く，クラスによって時間配分が変わると，一番遅いクラスに合わせることになるためです。また，若手は授業がうまく進まず，1時間を復習に費やしてしまうようなこともあります。

このようなことにならないように，**定期テストが終わった段階で，次の定期テストの範囲を一度決めておくとよいでしょう**。これが1段階目のテスト範囲決めです。

しかしながら，実際には多少の差が出ることは当然です。そのため，**3週間前にはテスト範囲の微調整を行い，これを2段階目のテスト範囲決めとして，生徒に連絡する**ことにします。

テスト問題の事前共有を緻密に

テスト結果が生徒に与える影響が大きいことは周知の通りです。そのため，A組とB組で授業者が異なるとしても，「A組ではテスト問題と同じ内容を

授業で扱ったのに，B組では異なる題材だったので不平等だ」といったトラブルは避けなければなりません。

そこで，テスト問題は少なくとも2回は相互点検をしたいところです。**1回目は題材レベルでの確認**です。この題材で不平等は起きないな，難し過ぎることはないか等を確認します。**2回目は問題文の文言に至る細部の点検**です。特に若手が作成した問題は，指示が曖昧だったり，文法が間違っていたりすることもよくあります。責任を若手に押しつけないためにも，チームでの対応を心がけましょう。

テスト後の分析こそが大切

評価は生徒のためでもあり，教師のためでもあります。生徒は正面からしっかり反省できることが多いと思います。しかし，テストの結果が望ましくない場合，その責任は教師にあります。仮に結果が悪ければ，教師がそこから何を反省し，次に生かすかが大切なはずです。

例えば，記述問題を出題したのに，ほとんどの生徒が無解答だった場合を考えましょう。「生徒が全然書かないなぁ」といった反省で終わるわけにはいきません。日頃の授業で自分なりの言葉で記述させる指導をしていたでしょうか。その場面で，生徒にどんな論点を与えていたでしょうか。論点は明確だったでしょうか。論点は板書され，生徒が読み直すことができていたでしょうか。

このように，自身の日常の授業づくりと関連づけて反省するならば，「次の単元では記述の機会を増やそう」「論点を板書するように心がけよう」などと具体的な授業改善の方針が掲げやすくなります。

テストが終わったら次のテスト範囲を仮決めしておこう。
問題点検は2段階で行い，反省は授業づくりまで具体化しよう。

09 お互いに授業を見合う

CHECK!

若手だけでなく，相互の授業力を高めるために，授業をお互いに
見合える環境は大切。授業者が得をするコメントとはどんなコメ
ントか。修正点だけでなく長所を含めたコメントとは。

いつでもお互いの授業を見合える環境をつくる

　授業をだれかに見られるのは，多くの教師が苦手ではないでしょうか。授業は100点ということがないので，真面目な教師ほど自分の授業を振り返ると失敗体験として感じ取ることの方が多いようです。しかし，**教師の振り返りも生徒と同じで，失敗だけではなく，成功した部分も振り返り，次につなげることが重要**です。ただ，成功と失敗の両面を自分1人でしっかり振り返るのは，簡単なことではありません。

　そこで，数学科主任としては，4月の段階から数学科教師内（できれば他教科の教師も）ではお互いの授業をいつでも見合ってよいことを約束しておくとよいでしょう。また，参観した際は，よかった点と改善する点の両面からコメントを伝えるようにすると，「授業を見られて損をした」という経験がなくなります。さらに，多忙な中ですから，**50分全部ではなく5分，10分でも自由に参観し合えるように約束すること**をおすすめします。（細かいアドバイスの観点は第2，3章で述べています）。

生徒の「生」の実態を基にコメントする

　授業を見たとき，例えば「生徒が途中から飽きていたから，しっかり指示をした方がいいよ」と伝えるよりも，「開始30分後くらいからAさんが鉛筆

を置いて隣のＢさんに『今，何考えるの？』と質問していたよ。論点を板書するとよかったね」と伝えた方が，授業者にとって学びのあるコメントと言えるのではないでしょうか。

　ここでのポイントは，**具体的な生徒名を出して，具体的な時間や行動を基にしてコメントする**ことにあります。授業の反省は抽象論で語りがちですが，具体的なコメントの方が根拠として明確であり，授業者にもイメージが伝わりやすく，修正点も生まれやすいと思います。

　そのため，4月当初から「具体的な事実を基に授業を語ろう」という方針を掲げておくとよいでしょう。

長所は「以前の授業から改善されたこと」を

　授業を見た後に長所を伝える場合，上手な授業で長所がたくさんある方であれば，コメントは簡単です。しかし，若手の授業を参観したときは，先輩教師よりも優れている点が見つけにくいかもしれません。そのときは，「以前の授業から改善されたこと」を見つけることが大切です。例えば，「以前よりも指示が明確になったね」「以前よりも生徒の意見をつなげることができたね」などです。**このような授業者の個人内評価であれば，具体的な生徒名をあげながら事例を示すこともできそう**です。

　一方，教師によっては，授業を見られること自体がストレスになる場合もあります。そこで，例えば「以前と違って，Ｃさんの発表の後，クラス全体に『Ｃさんの考え，どう思う？』と問い返していたね」というコメントだけでなく，「生徒から生徒に意見がつながる文化をつくると授業中の対話が増えていくよ」のように，価値づけることも効果的でしょう。

４月からいつでも授業を見合える環境をつくろう。
コメントは長短の両面を，生徒の実態に基づいて語ろう。

10 お互いの「こだわり」を 共有する

数学科の同僚と「今年はどんな授業をしたいか」という前向きな相談をしているだろうか。4月に語り合うことで,その後どのような関わり方をするべきかが見えてくる。

同僚の前向きなこだわりを聞く

年度当初は時間もなく,数学科教師同士で語り合う時間は少ないかもしれません。しかし,**どこかで時間を取って,「今年はこんな授業をしたい」というような前向きな考え,こだわりたい授業実践を共有すると,「チーム数学科」のモチベーションが上がります。**

その中で,「相似の単元で外に出て実測する授業をしてみたい」のような題材に依存するタイプのこだわりをもつ教師もいれば,「生徒の意見をうまくつないで解決していくような協働的な授業をしたい」のように題材によらない日常的実践へのこだわりをもつ教師もいるでしょう。

題材のこだわりが自主的な研究授業に

題材に依存したこだわりをもつ教師がいれば,ぜひ授業を見せてもらえるように,年度当初から約束しておきましょう。授業者は自分なりに努力して授業を構想するでしょうから,見られることは嫌ではなく,むしろありがたいと思うことが多いはずです。

さらに,**できることなら授業実践前にも「あの授業の計画はどうなった?」と構想を確認して,必要に応じて相談に乗りましょう。**おそらく授業後のコメントは伝えるでしょうから,実践前の相談→実践→実践後の振り返

りというプロセスを実現していることになります。

　これは十分に授業研究の１つと言えます。授業研究というと、「学習指導案の作成＝授業の構想」「実践＝研究授業」「事後反省会＝授業の振り返り」と堅苦しく考えがちですが、同じ学校内の同僚だけの自主的な会であれば、そんなに堅く考える必要はありません。むしろ、小規模であれば雑談程度の中でも自主的な授業研究が行えるので、自然と「チーム数学科」としての成長が見込めます。

題材によらないこだわりは長期的に関わる

　例えば、「生徒の意見をうまくつないで解決していくような協働的な授業をしたい」という目標をもっている教師がいるとします。この教師の授業を１回だけ見ても、向上しているのかどうかはわかりません。しかも、このような進歩は直線的ではなく、成功したり失敗したりを繰り返しながら、徐々に安定していくものだと思います。

　そのため、**短時間の授業参観であっても、複数回繰り返すような関わり方が必要**になってきます。「今日はＡさんの意見の後に、『他の人はどう？』と問い返していたので、Ｂさんが続いて発表していたね」や「今日は先生が『正解！』と判定したので、生徒たちが先生の反応を待ってしまっていたね」のような試行錯誤をフィードバックすることが、その教師を支えることになるでしょう。

　そして、「成長が安定したな」という時期に、「４月と比べて、だいぶ生徒の意見を取り上げられるようになってきたね」というフィードバックを返したいものです。

お互いのこだわりを４月のうちに同僚と語り合っておこう。
こだわりが題材によるかどうかで関わり方は変わる。

【第1章参考・引用文献】

・心得6
　千葉大学教育学部附属中学校数学科（2022）『千葉大学教育学部附属中学校数学科研究会誌』
　（研究会配付資料）

第2章

若手の授業技術を育てる

11 若手の努力を価値づける

CHECK!

若手の「失敗」授業であっても，0点ということはない。では，
どんな価値に気づけるか。若手なりの努力に気づき，価値づけて
こそ若手の成長の機会となる。

ある実習生の「失敗」授業から

　過去に担当した実習生の授業で，方程式$2x+y=5$のグラフについて考えさせる場面があり，次のように停滞してしまったことがありました。

T1　方程式$2x+y=5$のグラフはどうなるかな？
S1　…（発問の真意がわからない）
T2　方程式$2x+y=5$の解を求めて，グラフに点を取ってみよう。
S2　（必要感のないまま（2，1）（1，3）（0，5）をプロット）
T3　何か気づいたことはないかな？
S3　点が3つ取れます（自然数と0だけを範囲と考えている）。
S4　xが1増えるとyが2減っています。

　このように，論点が拡散してしまい，実習生の期待していた「$y=-2x+5$のグラフと同じです」は出てきませんでした。
　この学生に授業後の反省を聞いてみると，「自分が中学生のときの先生は全部説明しているだけだったので，生徒の発表を中心にして進めたいと思って発問していたら，期待した発表をしてもらえず，うまくまとめられなくなってしまいました」と答えてくれました。

若手の「失敗」を価値づける

　この授業は決してスムーズとは言えませんが，裏には学生なりの熱い思いが隠れていました。欠点をあげ，「時間がもったいない」と指摘することもできますが，それでは実習生が「生徒の意見を中心に進めるという教育観は間違い」と捉えかねません。教育観は立派なのですから，修正するなら「どうなるかな？」等の曖昧な発問や，$2x+y=5$ を「方程式」とみる見方と「関数」とみる見方の2種類を比較しながら扱うという教材の理解不足に原因があると考えるべきでしょう。さらに言えば，Ｔ1は「発問」だったのに，言い直した後のＴ2は「指示」になっている点も改善点かもしれません。

　修正点は多い状態でしたが，「生徒の意見を基に進めようとしたことはよかったと思うよ。ただ，そうするためには発問と教材研究をもう一度確認する必要がありそうだね」のように，**修正点だけで終わらせずに，よかった点をしっかりと価値づけたいところ**です。

「成功」と「失敗」の境界線を見つける

　若手の先生に限らず，だれの授業でも成功の部分と失敗の部分があるはずです。**授業者の成長を促す立場であれば，その境界線を見つけることが第一歩となるはず**です。例えば，次のようなことが多いと感じています。

・教育観はすばらしいが，授業中の発問が曖昧だった。
・学習指導案作成までの構想はすばらしかったが，その通りに授業を進める実践力が足りなかった。
・発問は的確だったけれど，指名の選択を誤った。

心得⑪

　若手の授業を，部分的にでも大局的にでも価値づけよう。
　授業者の成長のために「成功」と「失敗」の境界線を見つけたい。

12 「心構え」を育てる

CHECK!

数学科教師としての根本を支える心構えとはどんなものだろうか。工夫しても，満足と思える授業は少ないもの。それでも謙虚に学び続ける教師になるためにはどんな心構えが必要だろう。

生徒にとってはたった1回の授業

多くの教師は，4月当初，念入りに教材研究をして授業に臨むでしょう。しかし，忙しいこの仕事を続ける中で，つい教材研究がおろそかになってしまうこともあると思います。

担当クラスが学年4クラスあれば，そんな授業も，教師にとっては4回のうちの1回に過ぎません。しかし，**生徒にとってはその1回だけしかない特別な授業**です。だからこそ，生徒のために教材研究をして，生徒が夢中になれるような授業を心がけたいものです。そして，この心構えは不思議と生徒に伝わるものです。生徒が卒業するときに「先生の授業，いつも楽しかったです！」と言ってもらえるようになるには，日々の授業で生徒のために準備をし続けることが前提であると感じます。

また，この心構えを若いうちに実感させておくことで，忙しいときも歯を食いしばって，生徒のために尽くせる教師に育ってほしいものです。

授業には 100 点と 0 点はない

教師によって授業力が大きく異なることは周知の事実です。また，指導観や授業観も異なるため，だれもが目指す唯一の授業があるわけでもありません。それゆえに，どんなにすばらしい授業者であっても100点の授業になる

ことはありません。異なる指導観・授業観の先生から見れば，何らかの違和感を覚えるはずだからです。その逆に，どんなに素人の授業であっても，０点ということはありません。その授業者なりに努力した点はあるはずです。さらに，授業は生物であって，想定通りの理想的な展開になることはほぼありません。

　そのため私は，若手の先生方や実習生には「授業には100点と０点はありません。だからこそ，どんな授業を見ても，学ぶべき点と修正すべき点の一長一短を見極めなければいけません」と教えてきました。特に，若手の先生方がベテランの授業を参観したときに「勉強になりました」だけで終わってはもったいないと思います。**ベテラン側は，長短両面から学ぶことを若手に意識させ，改善点や修正点，疑問などを若手から訊いてきたときは，その心意気を十分に認めてあげたい**ものです。このような若手への気配りが，研究熱心な教師を育成することにつながるものと考えます。

教師は反省的実践家である

　「100点も０点もない」という心構えは，自分自身の授業を振り返るときにも大切な視点です。この視点からすれば，「自分の授業は完璧だった」と自信をもつことはなく，何らかの反省点が残るはずです。逆に「過去最低の授業だった」というときでも，何かよい点もあったはずです。

　だからこそ大切にしたい心構えは，常に反省を続けることではないでしょうか。教師はこのような点から「反省的実践家」と位置づけられるのだと考えます。**「100点にはならないけど，100点に近づけよう」と試行錯誤を続ける姿勢こそが，何よりも大切な心構え**ではないかと考えます。

生徒にとって１回だけの授業という心構えを育てよう。
常に反省し続けることこそ教師の務めという心構えも育てたい。

13 「話し方」を育てる

 CHECK!

話し方を向上させるためには，どんな方法があるだろうか。また，どんな場面で抑揚をつけたり，間を取ったり，ゆっくり話したりするべきなのだろうか。

声の大きさの確認は動画か同僚のフィードバックが必要

授業に慣れるまでは，声が小さくて，後ろの生徒が聞き取れないことがあります。教師になるまでには，40人を相手に話をする経験はそんなに多くはないでしょうから，無理もありません。しかし，後ろの生徒まで惹きつけながら授業を進めていくには，お腹から出す声の大きさが必要です。

しかしながら，むやみに大きな声で話し続けると，一部の生徒は雑音のように感じ取ってしまいます。そのためにも，自分の授業を動画撮影して，自身の声量を確認することが効果的です。しかし，抵抗のある方も多いでしょうから，そのときは，**先輩教師が教室の後ろ側に立ってフィードバックを返してあげると，若手の先生も安心するはず**です。

話し方の工夫を具体化する

これまで数多くの実習生を見てきましたが，声の大きさが適切な実習生であっても，どこか平坦な抑揚のない話し方になりがちでした。では，話し方にはどんな工夫が考えられるでしょうか。例えば，**声の強弱をつける，話すスピードをわざとゆっくりにする，話し始める前にわざと間を取る**といったことがあげられます。

具体場面での工夫

　次の対話ならどこを大きく（小さく）話しますか。3年「平方根」の第1時で，「2乗して2になる数はいくつだろう？」という学習問題の設定後，$1.4^2=1.96$，$1.5^2=2.25$のように「はさみうち」で計算を行い，小数点以下がいつまでも続きそうだという予想を共有した場面です（心得20参照）。

S1　この計算に終わりがあるんですか？

T1　S1さんの意見を皆さんはどう思う？

S2　終わらない。終わらなさそう。

T2　「終わらない」のかな？　「終わらなさそう」なのかな？

S3　小数点以下の一番小さい位の数は1〜9だけど，2乗したときに最後の位が0になることはあり得ないから，永久に終わりません。

S4　なるほど，賛成です！

T3　皆さん賛成のようですね。では，小数で表すことができないことは確実ですね。

T4　では，学習問題に戻ります。2乗して2になる数がいくつか。小数を使わずに表すにはどうすればいいでしょうか？

S5　新しい記号を使って表すのはどうかな？

　私ならT1は，次のT2が引き立つように小さな声で早めに話しておきます。そして，T2とT4は①少し間を空けてから，②大きな声で，③ゆっくりと話をします。T3と比べて，論点を整理する大切な発問だからです。

心得 ⑬

声の大きさの基本を身につけるには同僚のフィードバックを。
大切な発問は声の抑揚・間の取り方で生徒を惹きつけたい。

14 「聴き方」を育てる

教師の聴き方が向上したかどうかを自覚するには，どうすればよいだろうか。また，多くの生徒の意見を集めながら進めるためには，どんな聴き方を意識すればよいだろうか。

どんな意見も共感的に聴く

中学生にもなると，生徒はなかなか発表しなくなります。「間違えたらはずかしい」「自慢していると思われたら嫌だ」など，理由は様々です。しかし，授業を進めるためには生徒たちの発表が不可欠であり，発表する生徒が損をする状況をつくってはいけません。

そこで，教師の第一歩は，生徒の意見がどんなものであっても「共感的に聴く」ことです。生徒は必ずしも正解を発表するとは限りません。だとしても，発表は共感的に受け止めるべきです。できることなら，**答えが違ったとしても「着想は参考になるね」「方針は後の議論につなげよう」など，一部分だけでも価値づけて活用する**ように心がけましょう。

さらに，「聞く」ではなく「聴く」の姿勢を大切にしたいものです。「聞く」の姿勢だと，教師が授業を急いで進めたいときに「待ってました！」とばかりに生徒の発言を利用しがちです。しかし，「聴く」の姿勢であれば，生徒の意見をしっかり傾聴して受け止め，生徒中心に授業が展開できます。

ただ，難しいのは，自分の聴き方が適切かどうかを教師が自覚することです。一生懸命聴いているつもりでも，生徒からするとそう思えていない状況は頻繁に起こっているように感じます。ぜひ，お互いに授業を見合う中でフィードバックを交換しながら高め合いたいところです。

教師が正誤の判定をしない

多くの中学生は「正解は先生が判定してくれる」と思っているのではないでしょうか。しかし，本来正解かどうかは先生の権威によって決まることではなく，数学的に真であるかどうかで決まるものです。このような正しい風土をつくるためにも，**「正解！」「そうだね」「○○さんの言う通りだね」のように，教師が権威的に正解を定めることは避けたいところ**です。

その代わりに，生徒の発表のときには，しっかりと聴いたうえで，クラス全体に「皆さんは賛成ですか？」と返して，賛成多数によって正解と定めるようにしてはいかがでしょうか。

挙手指名だけでなく意図的指名を

若手教師の授業は，挙手した生徒を指名する挙手指名が多いように感じます。これも場面によっては大切な指名方法ではありますが，これだけだと挙手はできないけれど意見をもっている生徒の考えが聴けません。一部の生徒だけが活躍する授業ではなく，クラス全員が活躍できる風土をつくるのであれば，教師が意図的に指名をすることが必要になります。ただし，「今日は○月△日だから□番の生徒」のような「たまたま」の指名は望ましくありません。**机間指導中に，いつも発表しないＡさんが今日はいい考え方をしていると感じたら，Ａさんを含む列を意図的に指名するような心配りが重要**です。そのためにも，机間指導を充実させて，だれがどんな考えをもっているのかを把握したうえで，意図的に指名することが望ましいでしょう。この把握にも，生徒の意見を聴く力が大きく影響します。

生徒の意見は共感的に聴き，発表者に損をさせない。
教師ではなく生徒全員が話し，聴き，正解を定める授業にしたい。

15 「身のこなし方」を育てる

教師は授業中どこに立つべきだろうか。もちろん原則として生徒たちの前に立つが，生徒の発表時や板書しているときには，どんな目配りが必要になるのだろうか。

体の向きにも気を配る

授業開始時，教師は前に立ってクラス全体を見渡すでしょう。しかしながら，その後授業が進んだときに，教師はどこに立って，どこに向かって話せばよいのでしょうか。

例えば，自分が板書しているときの体の向きはどうでしょうか。黒板から目を離すわけにもいきませんが，黒板だけを見ていると，その間生徒から目を離すことになります。そのため，「黒板に書いては，生徒全体に目を配る」ことを繰り返すことになります。さらにいえば，黒板に書いているときも，少し生徒の方に体を向けることができるでしょう。板書する文章量が多いときは，一部分を板書したら，生徒に板書が見えるように一度板書の前から体をかわして避けます。**その間で生徒の様子を見て，全員がノートを取っていることを確認したり，声かけをしたりします。**

発表内容の板書時は発表生徒と他生徒と黒板が広く見える向きで

さらに難しいのは，生徒が発表している内容を聴きながら板書する場面です。教師は，発表生徒の発言に注意を払いながら聴き，さらに要点だけに絞って板書を残し，他生徒全体にも目を配る必要があります。特に忘れがちなのが，他生徒への目配りです。**発表生徒の発言をどれくらいの生徒が理解し**

ているのか，そもそもしっかり聴けているのかなど，実態を把握しないと，次の判断を誤ることになるからです。

　そのため，原則は，発表者・他生徒・黒板のすべてに目配りをするために，3つが視野に入りやすい立ち位置と体の向きにする必要があります。

立ち位置を変えることで全生徒を巻き込む

　代表の生徒が発表をするとき，つい代表生徒と教師だけが対話するような関係になってはいないでしょうか。この原因は授業風土の問題も大きいのですが，**教師の立ち位置の問題も影響している**と考えられます。

　例えば，代表生徒が黒板を使って自分の考えを発表しているとき，教師が黒板付近にいると，発表生徒はクラス全体に語るのではなく，すぐ近くにいる教師に話しかける声量になりがちです。そんなときは，なるべく教室の後方に教師が立つようにしてみましょう。代表生徒が仮に教師に向かって話そうとしていても，自然と全体に届く声の大きさで話すことになります。

　もう1つの例は，最前列の生徒が発表するときです。教師がすぐ近くにいるので，ささやき声でも教師だけには伝わります。話すことが極度に苦手な生徒もいますが，原則としては，発表する生徒とは，なるべく距離を取るために対角線上に移動することを心がけましょう。少し大きめの声が必要になるため，自然に生徒と生徒の意見交換につながりやすくなるからです。

　同じ原理から，教室後方で教師にも聞き取れないくらいの小さい声でしか発表しない生徒がいた場合も，原則としては近づきません。私はなるべく距離の遠い位置から「もう一度どうぞ」と促したり，どうしても小さい声の生徒の場合は隣の生徒に代弁させたりしています。

板書は体の向きを変えて，全体に目を配りながら。
生徒の発表時は，立ち位置を考えて全体を巻き込みたい。

16 「生徒同士の対話の促し方」を育てる

生徒の対話で進む授業は理想だが，どのようにその風土を積み上げればよいのだろうか。はじめは促しても対話をしない生徒たちを相手に，少しずつ対話をつくり上げる指導テクニックとは。

発表しやすい雰囲気をつくる

「生徒と生徒がつながる授業」というと，１人が発表すると次の生徒がすかさず意見を加えるような授業をイメージすると思います。しかし，そのような授業は簡単に実現するものではありません。まして一度発表しない風土に慣れてしまったクラスを変えるのは容易なことではありません。

一方で，指導力のある教師の授業では理想的な対話が自然な流れで実現しています。この自然な対話に特効薬はなく，日頃からの細かい指導の積み重ねに他なりません。私は，次のような手立てが有効と考えます。

○発表生徒が上手に話せないときには，教師が必ずフォローする。
○発表した生徒にみんなで拍手を送る。
○発表の前に近くの人やグループでの対話の時間を設ける。
○班は原則３～４人で構成する。
○意図的指名による発表のときは２人ペアで発表させる。

対話慣れしていない生徒も，対話したくなるように仕向ける

対話慣れしていないクラスの授業では，「班で相談しながら考えてみよう」

と促しただけでは対話が始まらないことが多くあります。そこで私は，**机間指導中にもう一歩踏み込んで「あなたたちは違う答えだね」「2人は答えが同じだけど解き方は違うんだね」のような声かけをして，わざとその場から立ち去る**ようにしています。このひと言があると，2人は気になって対話を始めたくなるはずです。さらに「わざと立ち去る」こともポイントです。教師がいなくなることで，自分たちで考えるしかない状況にするためです。

　また，班でなく個別のときでも，近くの生徒の解き方が異なることだけを伝えたり，机間指導をしながら「考え方はクラス全体で3種類くらいあるみたいだね」と大きめの声でつぶやいてみたりすることで，対話慣れしていない生徒も，自然と対話がしたくなるように仕向けています。

対話の前に立場を決めさせる

　2年生の確率の授業を例にします。コイン2枚を投げたときに「1枚が表で1枚が裏の確率は？」と問いかけると，多くの教室では「$\frac{1}{3}$」と「$\frac{2}{4}$」という意見が出るだろうと思います。この予想段階のときに，「どちらだと思うか手をあげてみよう」と生徒たちに判断を迫ります。もちろん予想なので直観的に挙手をさせるだけで，間違えてもまったく問題ありません。

　しかし，この挙手によって自分がどちらの立場か明確になってしまうので，その立場で論理的に説明することが必要になってきます。すると同時に不安を感じるでしょうから，仲間と対話したくなるわけです。実際この後は，クラスの至るところで議論が巻き起こることがほとんどです。

　このように，**いくつかの選択肢の中から自分の立場を決めさせることで，対話を促すこともできます。**

対話の続く授業を実現するための特効薬はない。地道な努力を。
対話慣れしていないクラスでも通じる授業テクニックをもとう。

17 「板書の仕方」を育てる

CHECK!

字の大きさや丁寧さはどうすれば上達させられるのだろう。また，狭い黒板には何を優先して残せばよいのか。生徒の議論が的外れにならないための論点整理はどうすればよいのだろう。

翌日の授業の板書を練習する

　教師になりたてのころは，板書の字が曲がってしまう，小さ過ぎてしまう，雑になってしまうなど，失敗の経験がある先生も多いのではないでしょうか。しかし，実際の授業場面では，わずかな時間で板書しなくてはならないので，なかなか上達が見込めません。

　そこで，放課後に翌日の授業の板書を練習します。もちろん，30分程度の時間がかかるので，忙しさとの相談にはなります。しかしながら，**自分なりに完成だと思う板書を仕上げる経験をしないと，授業本番の成功にはつながりにくいもの**です。また，練習用の板書を写真で撮影しておき，印刷した用紙を教卓に置きながら授業を行うことも効果的です。

スクリーンと使い分ける

　皆さんの学校では，スクリーンや大型モニターなどが常備されているでしょうか。私はスクリーンに書き込みながら説明をできるように，マグネットスクリーンを黒板に貼って使っています（次ページ写真参照）。ただ，スクリーンは便利なのですが，その分黒板が狭くなることが難点です。

　そこで，黒板に何を残すべきかが大切になってきます。スクリーンとの違いは，50分間ずっと消えずに残せることです。ですから，**次の問題の足場に**

なる内容は黒板に残すこととして優先順位が高くなります。

　下の例だと，「復習」欄は本時の学習問題を解決するための足場となる既習（スクリーンが本時の活用例）であるため，板書に優先的に残しています。一方，その他の復習問題も扱っていますが，板書には残していません。

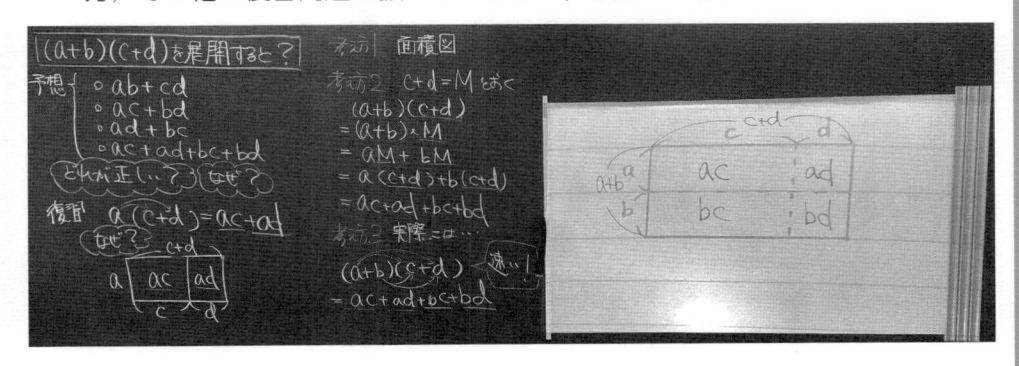

問いを板書する

　ここでいう問いは「練習問題1」のような，問題文のことではありません。**議論が進んでいくと一部の生徒は「今，何を話し合っているの？」と論点を整理できない状況が出てくるもの**です。それを防ぐために，問いを板書するのです。

　上の板書例では4つの予想が出た段階で「どれが正しい？」という問いを板書し，塾で正解を知っている生徒がいたことから「なぜ？」という問いも追記し，2つの論点があることを明示しています。さらに，「復習」欄では，$a(c+d)=ac+ad$ という既習を確認したうえで「なぜ？」という問いだけを板書して論点を1つに焦点化しています。

まずは放課後の板書練習で基本を学ぶ。
黒板には，問題解決の足場や論点を書き残そう。

18 「机間指導の仕方」を育てる

机間指導でどれくらい丁寧に指導するべきか。特に若手は，一人ひとりを丁寧に指導し過ぎて時間が足りなくなりがち。タイミングや軽重をとのように決めればよいのだろう。

机間指導①取り組んでいることを確認する

　授業の前半，例えば１問目を解いている場面。経験の豊富な先生なら，気になるのは「だれが正解か不正解か」より，「全員がノートを出して，しっかりと活動に取り組めているか」ではないでしょうか。この目的であれば，一人ひとりの生徒の反応をすべて確認する必要はありません。それよりも，すぐに取り組んでいる生徒には「早いね」と声をかけたり，まだノートを開いていない生徒に「急ぎましょう」と声をかけたりすることで，素早く全員を授業に参加させることが大切です。この目的で机間指導をするなら，**なるべく授業開始直後に，できるだけ速く確かめることが重要**になります。

机間指導②生徒の実態を確認する

　授業中盤の全体で議論する場面。議論の成否を決めるのは，その直前の机間指導であることがよくあります。生徒の考え方は何種類あるのか，適切に説明できそうな生徒はだれなのか，次の問題を提示して深めてくれそうな生徒はだれなのか，的外れになってしまいそうな考えの生徒はいないか，など生徒の実態を確認する目的での机間指導が重要な場面になります。

　そこで大切なのが「予想される生徒の反応」です。若手とベテランの大きな違いは，この「予想される生徒の反応」の的確さだと思います。ですから，

数学科主任は，ぜひ授業前にこの点を若手教師と共有したいところです。仮に３つの反応Ａ〜Ｃが予想され，その中でＡとＢを全体で共有したいときは，机間指導中に，「Ａの意見はＰさん，Ｂの意見はＱさんが一番的確だな」と確認することができます。だからといって，ＰさんとＱさんだけを指名する必要はありません。いろいろな生徒を活躍させながら，「最後まで議論が収束できなかったらＰさんとＱさんに発表させよう」という道筋を机間指導中に描ければ，その後の議論も充実したものにすることができます。

　この目的での机間指導は，ゆっくり丁寧に確認する必要があります。一方で，**全員を漏れ落ちなく見られる程度の速さも必要になるため，最も力量が求められるところ**です。

机間指導③個別指導をする

　授業中の問題解決の時間には，自力で解決できない生徒だけでなく，仲間への相談すらできない生徒など，個別指導が必要な生徒はたくさんいると思います。個別指導をして，困っている生徒を助けることは大切ですが，一方で若手教師はあるデメリットを忘れがちです。それは，１人を見るということは，その他の生徒は見ないということです。なので，苦手な生徒１人にずっと向き合っているうちに，ほとんどの生徒が無駄話をしているということも起きがちです。個別指導をするとしても，**問題解決全体のうちの１ステップ程度の手短なアドバイスで，苦手な生徒が解決に戻るきっかけを与えるに留めるような配慮が大切**です。

　机間指導においては，少なくともこれら３つの使い分けが必要になってきます。

机間指導は少なくとも３つの目的を使い分ける必要がある。
特に目的②生徒の実態確認が，その後の全体議論の成否を決める。

19 「今日のめあての立て方」を育てる

 CHECK!

「めあて」がいつも「…しよう」になっていないだろうか。その めあての授業では，問題を解いて終わることになってしまう。め あて1つでどこまで学びを深められるのだろうか。

学習目標と学習問題を使い分ける

授業で「めあて」を立てるときに，生徒が「なぜ？」のような問いを見い だしている状態にすることが望ましいです。しかし，よく板書されているの は「○○を解こう」のような学習目標です。これは疑問文ではないので， 「解けたか，解けなかったか」がその答えであり，学習のまとめがとても書 きにくいものです。おそらく，多くの場合は知識及び技能が中心の授業で， 例えば多項式の計算を進める中で，「$(x+a)(x+b)$型を展開しよう」のよう な学習目標をめあてにすることが多いと思います。

一方「なぜ$(x+2)(y+3)=xy+6$ではないの？」のようなめあては疑 問文で，まとめが書きやすい学習問題（学習課題）です。**問題解決型の授業 の場合，めあては学習目標ではなく学習問題で進めたいところ**です。

「…を解くコツは？」だけで方法知を問う学習問題になる

学習目標の授業も当然ありますが，計算の原理・原則や方法知に着目させ たい場合も多いでしょう。そのときに有効なのが，「$(x+a)(x+b)$型の展開 を速く解くコツは？」のような学習問題です。学習内容は$(x+a)(x+b)$型 を練習する点で同じですが，**意識は「解けるか解けないか」ではなく，「コ ツは何か」**になります。そうすると，塾で先に学習した生徒も含め学級全体

で議論するような深い学びにつなげられます。この授業であれば「"たして・かけて"と考えると速く解ける」のような方法知がまとめとなることがほとんどです。

学習問題を板書するタイミングは生徒が「？」のとき

　学習問題は，問題解決型の授業において極めて大切なポイントになるので，様々なこだわりをおもちの先生がいます。「学習問題は開始から5分以内に板書する」という意見もあれば，「生徒が発表した疑問を取り上げて板書する」という意見もあります。私個人の考えでは，何よりも優先されるべきは生徒の疑問です。**急ぐあまり，生徒が疑問に思っていないことを教師が学習問題として疑問文で書くのは，教師主導の第一歩**です。一方で，中学生ともなると疑問文を簡単に発表してくれるわけでもないので，生徒の発言から学習問題を立てることが難しいことも現実には多くあります。

　そこで，先ほどの「$(x+a)(x+b)$型を速く展開するコツは？」という学習問題であれば，次のようなタイミングが有効です。

（例題 $(x+2)(x+3)=x^2+2x+3x+6=x^2+5x+6$ を確認した後で）
T　x^2+5x+6 になった人？
S　（正解した生徒が挙手する）
T　すごい！　そして中には，10秒もかからずに速く解いていた人がいたけど，何か解き方のコツがあるのかな？
S　（お互いに顔を見合わせて，相談したそうな空気になる）
T　では，これを学習問題にして，みんなで考えてみませんか？

学習目標もコツを問えば学習問題になる。
生徒が「？」を感じたタイミングが学習問題を板書するとき。

20 「班活動への入り方」を育てる

CHECK!

生徒に班活動を指示したものの，思った以上に活性化しない。その原因は生徒に話し合う気がないからだと考えがちだが，教師にも原因があるのではないか。

タイミング①苦手な生徒が仲間に訊きたくなるとき

　班隊形にしても，あまり活性化せずに終わってしまう経験は，多くの先生にあるのではないでしょうか。班活動の目的も様々ですが，１つ目に，苦手な生徒を学習から離さないためという目的があります。学習指導とも生徒指導とも言える目的ですが，内容が難しくなると，どうしても数学から目を背けてしまう生徒が現れます。**そんな生徒にも「どういうこと？」「わからないんだけど…」と仲間に訊きたいタイミングはあるはず**です。そのタイミングを逃さないためには，教師自身が「そろそろ迷っているかな」のような予感をもったり，「今，集中が切れたな」のように表情を観察することで気づいたりする以外にないと思います。一方，絶妙なタイミングで班活動を指示できると，苦手な生徒が仲間との対話から自己存在感を取り戻し，学びに向かうことができます。

タイミング②解き方が複数に分かれたとき

　生徒は，自分なりの解き方（場合によっては，問題や答え）が仲間と異なり，多様な取り組み方がある場合に仲間と相談したくなるものだと思います。例えば，右の図の問題です。この解法は，内角の和から求める，

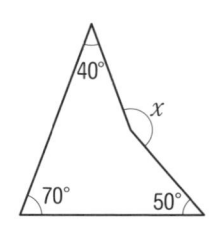

対角線を結ぶ（延長する），平行線を引くなど，多様な解き方があります。生徒にしてみると，自分１人ですべての解法を考えることは難しいはずです。そこで，一定の自力解決の時間の後で，班活動の時間を設けます。すると，仲間との対話が深まることでしょう。

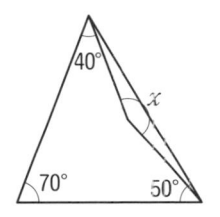 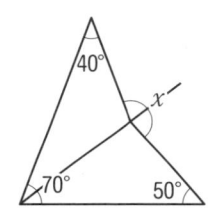 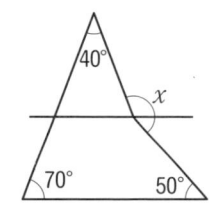

タイミング③力を合わせたくなるとき

　最後に，自分１人だけでは調べきれないような場面を考えます。例えば，「２乗して２になる数はいくつだろう？」という学習問題の授業を考えます（心得13参照）。はさみうちで「$1^2 = 1$，$2^2 = 4$ だから，１辺の長さは１と２の間にある」ということを共有した後で，「さらに小さい位まで調べてみましょう」と促すと，1.1^2 から 1.9^2 まで調べるのは大変ですし，1.41^2 から 1.49^2 までとなると，さらに大変です。**生徒たちが「分担してもいいですか？」と訊きたくなるタイミングで班活動を指示すれば，班ごとに力を合わせて取り組むようになります。**さらに，班で協働することで，「どの小数を２乗しても，一番下の位が０になることはない」ということに気づきやすくなり，２の平方根は小数では表せないことまで深めることができます。

　特に，学級が始まってから夏休みまでは，協働する風土を育てるためにも，このような意図的な対話の場面づくりが重要だと考えます。

班活動に入るのは，生徒が「話したい」と感じるタイミングで。
教師が班活動の目的を見極めることで，生徒の対話は深まる。

【第2章参考・引用文献】

・心得13，14
　石井順治（2010）『教師の話し方・聴き方』（ぎょうせい）

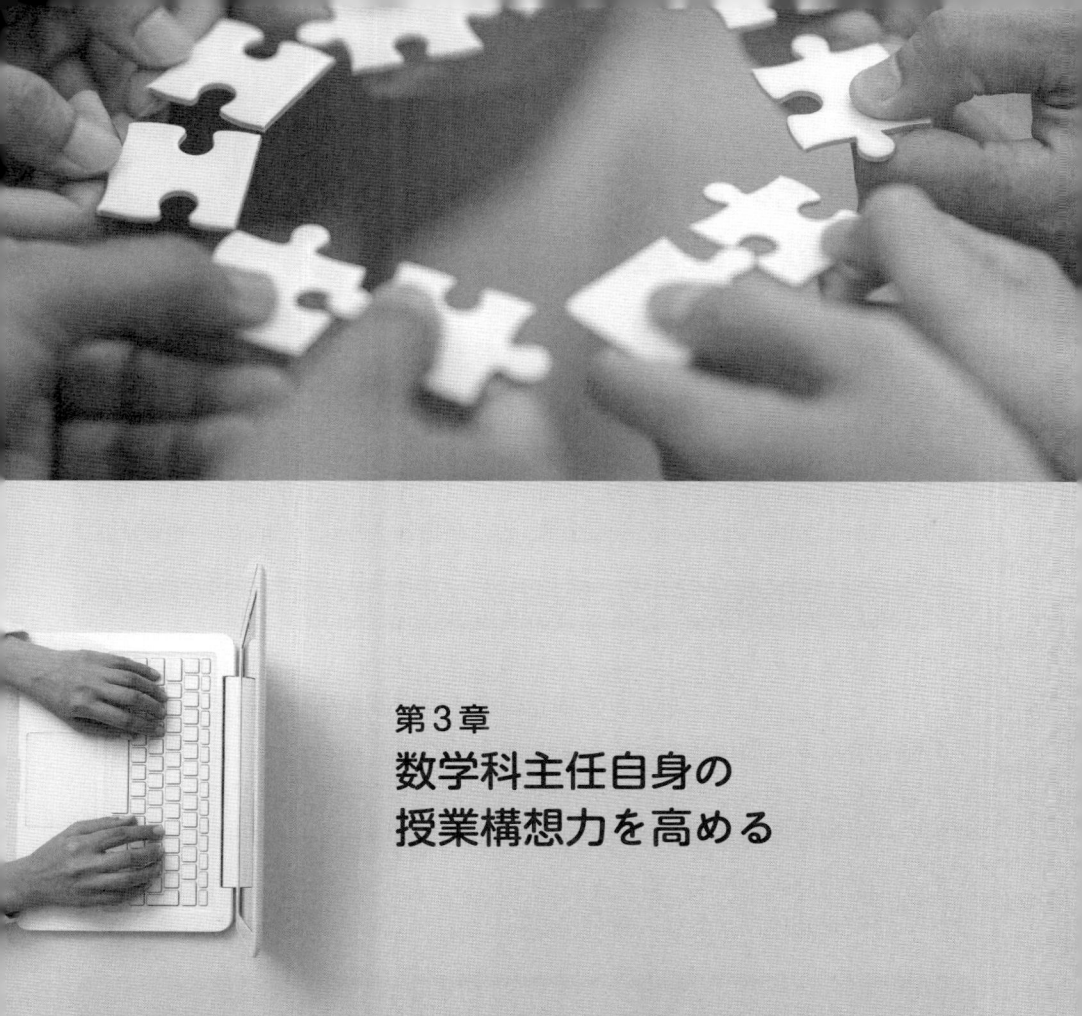

第 3 章
**数学科主任自身の
授業構想力を高める**

21 単元の導入で意欲を喚起する

単元の導入は生徒に興味をもたせる絶好のチャンス。一方，数学はまったく新しい内容が突然始まるわけではなく，必ず既習がある。どのように関連させ，どのような問いを考えさせるべきか。

単元を学ぶ目的をもたせる

新しい単元に入るとき，ちょっとしたワクワク感をもって取り組む生徒が多いと思います。しかしながら，**単元の導入の授業が手抜きだと，そのワクワク感もやらされ感に変わってしまうかもしれません。**

大切にしたいのは，既習との関連性や，既習にはなかった問いです。「これまでの知識では解決できないけど，この単元を学んだら解決できそうな気がする！」「新たな単元で習う○○って何だろう？」のように，生徒が学ぶ意義や問いを見いだせれば，単元の導入としては成功と言えるでしょう。

新しい単元は既習からの発展

例えば「正の数・負の数」の単元。「今年はマイナスの数を習います」と伝達するのではなく，既習だけだと０より小さい数が表せないために困る場面を想起させたいところです。最も有名なのは気温です。現実によく使う気温の概念から負の数の存在を再確認し，「正の数のように大小関係を比べたり，計算したりができるのかな？」と**単元全体の動機づけになる問いを投げかけてみます。**数学は原則として常に既習からの発展を続ける学問です。

また，「比例と反比例」の単元でも，小学校での既習を思い起こさせて，中学校での違いは「０」と「負の数」を含めることだと自覚させましょう。

そして，「x が2倍，3倍，…になると，y も2倍，3倍，…になるものを比例」とする小学校のときの定義がそのままでよいのかを考えさせましょう。$x=0$ のときを含めると「$y=ax$ という式の形で定義した方がよさそうだ」と統合的・発展的に捉え直す場面にすることができます。

単元の導入では「○○って何？」という問いを大切に

新しい単元に入るとき，まず「3章　二次方程式」のように，章タイトルをノートに書かせることが多いと思います。生徒にしてみると，「二次方程式って何だろう？」と疑問をもつ場面です。私の授業では，次のようにして学習問題を設定しています。

T1　単元名（二次方程式）をノートに書きましょう。

S1　（二次方程式って何だ…？　去年習ったのと何が違う…？）

T2　昨年も「方程式」を習っていましたね。何という方程式でしたか？

S2　連立方程式。

S3　二元一次方程式。

T3　昨年は「二元」で今年は「二次」です。二次方程式って何だろう？二次になると，どんな特徴があるのでしょうか？

このように，**既習との関連を確かめつつ，既習とは違うものであることを理解させるだけで，「○○って何？」という問いが浮かびやすくなります。**これは「平方根って何だろう？」「相似って何だろう？」「箱ひげ図って何だろう？」と様々な単元で応用可能です。「関数 $y=ax^2$ って何だろう？」を発展させると，「なぜ二次関数と呼ばないのだろう？」という深い問いにつながります。

心得 ㉑

単元導入は学ぶ目的をもたせるために既習を発展させる。
「○○って何？」という問いだと自然な導入ができる。

22 知識及び技能の授業で見方や考え方を働かせる

知識及び技能に偏りがちな授業内容に，計算の習熟がある。しかし，苦手な生徒こそ「困ったときの見方や考え方」が必要。そのためにどんな授業ができるだろうか。

連立方程式をただの計算練習だけにしない

例えば連立方程式の学習の初期に，下のリンゴとみかんの値段を求める問題を扱うとします。このときに，まずは連立方程式の解き方を教えずに，既習だけで考える時間を与えてみます。素朴な感覚から「①と②の差を見れば，リンゴ３個分が330円だとわかるので，リンゴ１個は110円です」と答える生徒がいるはずです。

ここでまだ x と y を使わずに，「リンゴとみかんの２つともわからないのに，なんで解けたのかな？ そのコツは何だかわかる？」と解けた本質的な理由を問いかけたいものです。すると，「なんとなく解けた」から「リンゴだけの式に変えたから解けた」に変わり，「二元の方程式は一元に戻す」「以前の形に近づける」のように，見方や考え方を重視した授業に近づいていきます。

学習問題で方向性を決める

先の授業であれば，「連立方程式を解こう」では，解けるかどうかが論点になり，方法や過程が中心になりません。そこで，心得19のように「連立方程式を解くコツは？」としたり，「どうすれば連立方程式が解けるのだろう？」としたりすることで，方法や過程に注目した授業に方向づけます。

これであれば，**問題が解けたからといって学習問題が解決されたことにはならないので，計算を先取りして学習している生徒であっても，退屈することなく授業に参加する**でしょう。

授業のまとめを学習問題と対応させる

上の授業のとき，まとめにはどんなことを書けばよいでしょう。せっかく疑問文で学習問題を板書したのですから，その答えをまとめるべきです。

今回の場合なら「１文字消去して，二元の方程式は一元に戻す」「以前の形に近づける」のように，生徒の発表をなるべく生かしてまとめるのがよいでしょう。連立方程式の単元では，何回も同じようなコツが現れるため，**やがて統合的なまとめに発展し，右のように「どちらも」や「今回も」などの言葉も添えてまとめることも可能になります。**

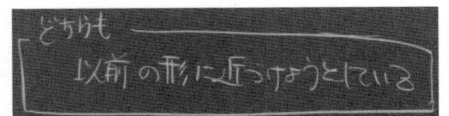

また，まとめ方も「自分なりに大切だと思ったコツを書いてみよう」と生徒個々に任せる場合もあれば，改めて「まとめ」を板書せずとも授業中に板書した「コツ」を再確認して短時間で振り返ることもあります。

POINT!

知識及び技能の授業でも，見方や考え方を働かせたい。
学習問題とまとめは，「コツ」を軸に対応させよう。

23 原理・原則を理解する 授業に高める

知識及び技能を習得する授業には，計算方法に慣れる目的だけでなく，原理・原則を学ぶ目的も含まれている。どんな授業によって原理・原則を実感させることができるだろうか。

原理・原則を理解できていないと直観を乗り越えられない

例えば，「$3x-x＝3$」と答える生徒が一定数います。この生徒たちに，「$3x$から$1x$をひいているんだから$2x$でしょ」と正論を教えても，心から納得することは難しかもしれません。生徒は直観的な解き方で誤っていますが，本人にしてみると，「あなたの考えも正しいかもしれないけど，私の考えが誤りな理由がわからない！」という思いになるのではないでしょうか。

おそらく，根本は「文字式の計算はxがいくつであっても必ず左辺と右辺の値が一致するときを"等しい"とする」という原理・原則が理解できていないのだと考えられます。これを理解すれば，「$x＝5$のとき，左辺は10になり，右辺の3と等しくないから誤っている」と納得できるのではないでしょうか。

知識及び技能の授業で原理・原則を理解させる

このような原理・原則の理解を目標とする授業は多くあります。「移項」の前提となる原理・原則は「等式の性質」ですし，「図形の証明」の原理・原則は「仮定を満たすすべての図に対して成り立つこと」です。ここに気づかせるための工夫の1つに，**原理・原則を無視した考え方の誤りを探す授業**があります。

例えば，先の問題を提示して，「$3x-x=3$ は正しいか，誤っているか？その理由は？」と投げかけてみましょう。はじめは「授業で習った計算と違うからダメ」のような理由が出るでしょうが，少しずつ深まっていくと「同類項を計算しようとはしているが分配法則が使えていない」「$x=5$ の場合が間違いの例（反例）になっている」のように，原理・原則に近づいていくことでしょう。

また，「移項」では「移項したけど符号を変えない例」から「なぜ符号が変わるのか」を議論したり，「図形の証明」でも「たまたまその図の場合だけ成り立つ性質」から「反例を出したり，新命題をつくったり」と議論を深めたりすることで，同様の流れをつくることができます。

文字と数は行ったり来たりが大切

文字式が苦手な生徒はたくさんいます。おそらく，それまでの数の世界よりも一般性・抽象性が高まるからです。だからこそ，**初期のころはたびたび文字と数を行ったり来たりして，原理・原則に立ち返らせます。**

例えば，先ほどの $x=5$ の場合で確かめることも「文字から数へ戻す」活動と言えます。逆に「$2^2=4=2+2$」から「$x^x=x+x$」が成り立つかを問うのも「数から文字へ一般化をする」活動と言えます。もちろんこの一般化は誤りですが，「$x=3$ のときに成り立ちません」のように具体的な数で反例を示す生徒が出れば満点です。

同様に，「$x^2>0$ は正しいか」「$2x$ と $3x$ はどちらが大きいか」などの問題も，文字と数の間を行ったり来たりしながら原理・原則を理解することにつながる良問と言えるでしょう。

POINT!

原理・原則をしっかり押さえたうえでの知識及び技能の定着を。
原理・原則を押さえていない誤りの例から学ぶ授業が有効。

24 見方や考え方を
授業の目標・まとめにする

見方や考え方を目標に設定する授業は多いが，まとめとして板書しないことが多い。見方や考え方でまとめるためには，どんな授業が効果的だろうか。

「証明しよう」では技能に偏る授業に

次のような証明問題を例にします。

△ABC は AB＝AC の二等辺三角形です。
M，N をそれぞれ辺 AB，AC の中点とするとき，∠CBP＝∠BCP となることを証明しなさい。

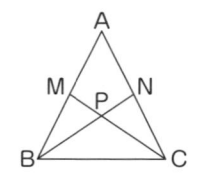

　この問題を，証明を記述するための練習問題とすることもできますが，それだけだと，方針を考える側面よりも記述する側面に焦点化されてしまい，もったいないです。具体的には，△BCM≡△CBN を示すために，どうやって BM＝CN を記述するかということに注目されることが多いように感じます。すると，**せっかく「逆向きの考え」を学びやすい教材なのに，見方や考え方を差し置いて，どのように証明を正しい文章で記述するかという技能的な側面が強くなってしまうのです。**

論点を明確にする

この問題を簡単に証明できる生徒は多くありません。BM＝CN の記述が

難しいなど，一人ひとり異なる記述の悩みを抱えることが予想されますが，それ以前に，多くの生徒にとって，「どの三角形を選べばよいのか」という方針で迷う問題ではないかと思います。

　具体的には，この問題の場合，△BCM≡△CBN の他にも，△ABN≡△ACM や△BMP≡△CNP も成り立つため，どの合同を示せばよいのか選択肢が多過ぎて困るのです。そんな中で，方針として△BCM≡△CBN を選ぶ過程は，「結論を含む三角形の合同を示せばよい」という「逆向きの考え」を実感させるチャンスです。

　具体的には，**「どう考えれば三角形を正しく選べるのか？」と板書する**などして論点を共有し，**フローチャートで考えさせると効果的**です。

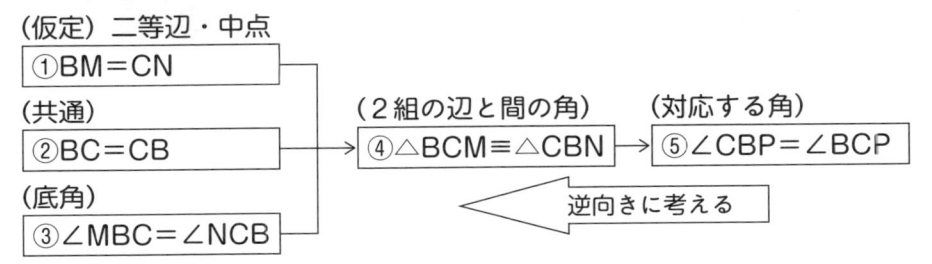

（仮定）二等辺・中点
①BM＝CN

（共通）
②BC＝CB

（底角）
③∠MBC＝∠NCB

（2組の辺と間の角）
④△BCM≡△CBN

（対応する角）
⑤∠CBP＝∠BCP

逆向きに考える

まとめに見方や考え方を板書する

　証明問題だと，証明を記述することに労力を使うため，証明できたことで満足して，まとめがなくなりがちです。しかし，見方や考え方を目標に設定した授業であれば，当然見方や考え方でまとめたいものです。

　上の例であれば，「結論を含む三角形を探す」や，もう少し抽象度を上げて「結論から逆向きに考える」のようにまとめることも効果的です。

心得㉔

POINT!

見方や考え方を目標に設定するなら，まとめにも見方や考え方を。
見方や考え方に焦点化できるような論点を板書したい。

25 問題発見を中心とした授業を行う

CHECK! 生徒自身が問題発見をする授業は一見難しそうに感じられる。しかし，原問題を条件替えする手法であれば，どの生徒も十分に可能。では，どのような授業展開が必要なのだろうか。

問いを見いだすだけでも価値がある

　問題発見の授業というと，必要だと思いながらも，なんだか難しい気がしませんか。おそらく我々教師自身が問題発見の授業を受けた回数が少ないからではないでしょうか。私の実践経験では，適切な授業展開の中では，苦手な生徒も含めてすべての生徒が自分なりの素朴な問いを見いだすことができました。もちろん，問いの質には個人差がありますが，それは指導を重ねて積み上げるべきものであって，問題解決の側面とまったく同じです。

　まずは，**「自分なりの素朴な問いであっても，問いを見いだすだけで価値がある」**という立場に教師が立つことが大切です。

自分なりの素朴な問いは全員が書ける

　以前，「ぶどう算」という題材で研究授業を行いました。右図のように，「3＋3＝6」「6＋6＝12」のように上の2数をたすと下の数になるという仕組みです。

　原問題では，条件①3段で，条件②一番上が同じ数，のとき，文字式を利用すれば，カ＝イ×4の法則が証明できます。次に，問題2で条件②をバラバラにしたり，問題3で条件②を連続整数にしたりすることで，問題2

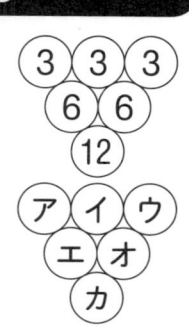

だと便利な法則は見当たらないが，問題3だと同じくカ＝イ×4の法則」が成り立つことを共有します。

　ここで，生徒に**「他の条件でも法則がないかな？」と問いかけ，生徒に新たな自分なりの問いを見いださせます。**すると，多少的外れな場合もありますが，すべての生徒が問いを書くことができたのです。

「ホップ・ステップ・ジャンプ」の3段階を意識する

　問題発見を重視する授業では，自分で問題発見をする場面を「ジャンプ」とするなら，**その前の「ホップ」となる原問題と，「ステップ」となる問題2（上の授業では問題3も含む）が重要**になります。

　まず，「ホップ」では，原問題の中に条件替えしたくなる要素を強調して示しておくことです。上の授業では「①3段，②同じ数」という2つの属性に注目させたいので，この2つを強調して板書します。「2数」を「たす」ことも条件替えの対象にはなりますが，これらの条件替えをすると混乱しそうなので，こちらは「仕組み」として別に扱うこともポイントです。

　次に「ステップ」の段階で，条件替えの一例を示すことが大切です。今回の場合は，条件②を「バラバラ」にしたり，「連続整数」にしたりすることで，「法則が見つかることもあれば，見つからないこともある」という経験をさせておきます。また，条件替えのイメージをもたせておくことで，「ジャンプ」につなげることができます。すると，条件②を「2とびの数」に替える生徒が現れたり，条件①を「5段」に替える生徒（右図）が現れたりと自然と発展していきます。

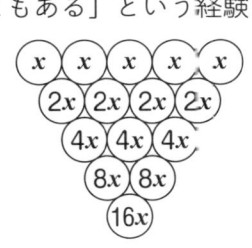

心得㉕

問題発見はだれでもでき，それだけでも価値がある。
「ホップ・ステップ・ジャンプ」の3段階を意識したい。

26 統合・発展を目指す 授業を行う

 CHECK!

統合・発展というと何か高尚な学習で，得意な生徒だけに可能な印象をもつ。しかし，本当にそうだろうか。身近な問題にも，統合・発展のタネや実践のコツはないだろうか。

身近な練習問題でも統合・発展はできる

関数の学習で，「$y=ax$ が（3，18）を通るとき a の値を求めなさい」という問題と，「$y=2x^2$ で $x=3$ のときの y の値を求めなさい」という問題は，バラバラに理解するものではなく，「a，x，y のうち2文字に当てはまる数がわかっていれば，代入することで残り1文字に当てはまる数が出せる」という共通原理で理解させたいところです。これは，はじめバラバラで個別の問題と思われていたものを，統合的に捉え直す学習とも言えます。具体的には「（3，6）を通る」を「$x=3$ のとき $y=6$」と同一視したり，「x と y から a を求める問題」と認識できると，後者が「$x=3$ で $a=2$ のとき」に「x と a から y を求める問題」と認識でき，共通点が明確になります。

「バラバラ感」で統合したいと感じさせる

生徒が統合したいと思う動機の裏には，「バラバラで気持ち悪い」「バラバラで整理されていない」という「バラバラ感（困り感）」があります。**困っているからこそ，「1つにまとめて整理したい」という感覚が起こる**のではないでしょうか。

先の例だと，3年「関数 $y=ax^2$」の単元で，1，2年時の関数の学習も振り返りながら進める流れで，次の問題を出題します。

> (1) $y = ax$ が（3，18）を通るとき a の値を求めなさい。
> (2) $y = \dfrac{6}{x}$ で $y = 6$ のときの x の値を求めなさい。
> (3) $y = 2x^2$ で $x = 3$ のときの y の値を求めなさい。

　答え合わせが終わったとき，「この３問は『似ているな』と感じた？　ほぼ『同じ』だと感じた？」と問いかけると，様々な反応はあるものの　「値を求めなさいというあたりが，なんとなく似ているけど，違うところもある」程度の反応が多いと思います。このように，**共通点はありそうだけど，まだバラバラ」な印象を残しておくことが，統合したいという目的意識になり，それが発展的に条件替えする力になる**と考えます。

　実際，(1)を比例から反比例や関数 $y = ax^2$ に条件替えしてみたり，(2)や(3)も関数を条件替えしてみたりする中で，解き方が極めて似ていることが意識され始め，(1)なら「どの関数でも x と y を代入して a を求める」と統合的にまとめられます。最後は，(1)〜(3)すべてを統合して，「２文字がわかれば，残りもわかる」という抽象度で統合することができます。

統合が先か，発展が先かはバランスで

　統合・発展というとき，上のように「統合を目指して発展」する場合を理想とすることが多いです。すばらしい思考なのですが，はじめから統合が見えているほど見通しの明るい生徒ばかりではありません。**「なんとなく発展していたら，統合する観点が少しずつ見えてきた」というような探究的活動もあり得ます。**そのため，これらはバランスよく授業で取り上げることが重要であり，私はどちらか一方にこだわる必要はないと感じます。

統合・発展は身近な練習問題にも隠れている。
「バラバラ感」を共有し，統合・発展のバランスを大切にしよう。

27 自分に適した自習の仕方を 身につけさせる

> 全員に共通の自習課題を与えると，どうもうまくいかないということがある。思いきって，個別最適な学びを実現する場に変えてみよう。そのためにどんな事前指導が必要だろうか。

どうしても自習は起こり得る

　教師なら，できるだけ自習にはしたくないでしょう。しかし，出張しなければいけないときもあれば，お休みする日も出てしまいますし，時には大きな生徒指導が突然入り込むことだってあります。他方で，生徒が自習できるだけの学び方を身につけさせることも重要です。

　そこで大切なのが，**「望ましい自習の仕方」を事前に指導しておくこと**です。ここでいう「望ましい」という意味は「自分に適した内容と方法を選ぶ」という個別最適な学びを実現することでもあります。

　以前は私も自習課題は「ワークの p.○〜p.○をノートへ」のように内容と方法を指定していました。しかし，これでは苦手な生徒は終わるわけもないですし，得意な生徒が満足することも難しいでしょう。ここには，「自分に適した問題」もなければ「自分に適した方法」もないのです。

「プレ自習」で自分に適した自習内容・方法を自覚させる

　自分に適した自習内容・自習方法を自覚させるためには，それ以前に自分の関心や能力を自覚しておく「プレ自習」をしておくことが必要です。例えば，3年「二次方程式」の単元で「プレ自習」をするとします。まずは15分程度で自分の思うように好きな問題に取り組ませます。

教師は，**全員が落ち着いて自習しているかどうかという目線だけでなく，「個別最適な学びになっているか」を1人ずつ確認すること**が必要です。

例えば，こんな生徒はいないでしょうか。

> ○苦手なのに難しい問題に取り組んでいて進んでいない生徒
> ○得意なのに基本問題1から順番にすべて解いている生徒
> ○考えることが好きで単純な計算練習にはそもそも興味がない生徒
> ○目標は大きく掲げるものの，時間がまったく足りない生徒

このような生徒には「自分が正解したり間違えたりしそうな境界線の問題を探して，そこから始めてよいこと」を指導したり，「自分が15分で何問くらい解けるのかの目安を確認しておくこと」を指導したり，「そもそも計算練習だけが自習ではなく発展レポート（心得48参照）なども可能なこと」を指導したりします。そして，後半にもう一度15分程度の自習時間を取って，その2回を比較しながら振り返りを書かせておきます。

高めれば「学び方」の学習になる！

自習の仕方を指導することは，自分1人で学ぶときの個別最適な「学び方」を洗練させる場面とも言えます。例えば「○つけは大問ごとにする」「間違ったらその原因を突き止めるまで進まない」など，「学び方」の基本は教えてもよいと思います。しかしながら，最後は本人が納得できなければ「学び方」を身につけたことにはなりません。**生徒の自由に委ねるからこそ，自習後には，内容よりも「学び方」こそを生徒自身に振り返らせましょう。**

心得㉗

「プレ自習」で「学び方」を学んでおくと中身のある自習になる。
個別最適な自習だからこそ，振り返りをしっかりとさせよう。

授業中に自分なりの
メモを書かせる

ノート指導は「丁寧に書く」という観点だけでよいのだろうか。生徒が本当に見返したくなるノートは，自分なりの疑問や発見が記録された「自分ならでは」のノートではないだろうか。

授業中のノートは写すだけのものではない

授業中に生徒は黒板の内容をノート（または端末）に写します。私はそれに加えて**ノートの右端にメモ欄をつくらせ，生徒自身の疑問，「なるほど」と思った意見，発展的な問い，問題解決の着想などを書くように指導しています**。このようなノートをつくる生徒は，メモ欄を見るだけで，その授業でどんな議論が起きたのか，生々しい記憶を呼び起こすことができます。このようにして，授業後に見返したくなるノートができるのだと考えています。

メモで「学びに向かう力」を育てる

メモの量と質を高めるためには指導が必要です。例えば右のメモは関数 $y=ax^2$ の導入でジェットコースターの上り坂（比例）と下り坂（関数 $y=ax^2$）を比較する授業の際に，ある生徒が書いたものです。「小中の違い」というメモは，比例を復習している場面で教師が話した「中学校では小学校よりも式を大切にする」という話を自分なりにひと言でまとめたものです。また，「平方数を探す」というメモは x^2 の値を表に加えると

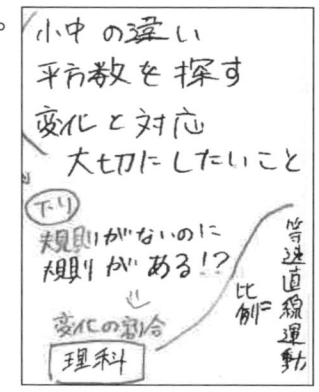

変化と対応が見やすくなるという，仲間のよい意見を記録したものです。さらに，「下り」について「規則がないのに規則がある!?」という疑問は，自分自身が解決中に浮かんだものと思われます。

このように，メモは全員共通に指示されたことを書くのではなく，自分で必要だと思ったことを書くように指導します。その結果，メモに「○○という考え方が大切！」と書くようになれば，自ら学習を調整した証拠になります。なぜなら，はじめは○○の考え方に気づいていなかった生徒が，○○の考え方のよさに気づき，その考え方を次に活用しようとしているからです。このように，**メモを充実させることは，「学びに向かう力」を育てる有効な手立てである**と考えられます。

素朴な疑問と発展的な問いが次の学びにつながる

2年生の別の生徒のメモには，「なぜ$5x×3y$は同類項でないのに計算できるの？」のような素朴な疑問が残されたり，「連立方程式で"解なし"はあるのか？」のような発展的な問いが残されたりしました。前者の問いを取り上げることができれば，加減では同類項ではないために分配法則が成り立たない一方，乗除では交換法則・結合法則で説明できることを理解させるチャンスになるでしょう。また，後者では「1文字消去するつもりが，2文字とも消去できてしまう場合」を考えることにつながりそうです。

すべての問いを全体で共有することはできませんが，**一部の生徒のメモを紹介したり，その問いをみんなで考えたりすることで，生徒の問いを基にした理想的な授業をつくることにもつながる**のではないでしょうか。

ノートにメモを書かせることで「学びに向かう力」を育てられる。
生徒の素朴な疑問や発展的な問いは，次の学びのテーマになる。

29 生徒に振り返りを促す

授業後の生徒の振り返りが「楽しかった」のひと言だけで，残念な思いをした経験はないだろうか。本質を見抜き，次に生かすような「振り返り上手」はどのように育てればよいのだろうか。

「振り返り上手」を育てる

授業時間が足りないと，どうしても削減されがちな振り返り活動ですが，自立した生徒を育てるためには，自ら率先して本時の授業を的確に振り返る「振り返り上手」を育てることが重要です。

不慣れな生徒たちは，「楽しかったです」のような感想を書くことがよくありますが，これでは効果的と言えません。はじめのうちは，振り返るべき視点を与えてあげる方が中身の濃い振り返りがしやすいでしょう。私の経験では，「今日の授業のポイントは何だったか振り返ってみよう」「今日の授業前と比べて理解が深まったのはどんな考え方ですか」「さらに次を考えるとしたら，どんな問い？」などがあげられます。

もちろん，**多くの生徒が的確に振り返ることができるように，学習の過程で教師がキーワードや大切な考え方などを板書に残しておくことが必要**です。

振り返りの成功体験を積ませる

自ら率先して振り返るようにするには，振り返りを記述したことによる成功体験を積ませることが必要です。例えば関数の学習で，仲間の「およそのグラフをかいてから式で考えることが大切」という考えを振り返りに書いた生徒がいたとします。この生徒が次の時間に，およそのグラフをかいて解決

できていたら，振り返りの成功体験です。手放しでほめましょう。

　また，振り返りに記述した考え方がテストで発揮できたときも成功体験になるでしょう。裏を返せば，**教師は振り返りに書いてほしい重要なポイントこそ，テストで出題するべき**なのです。

　さらに成功体験を強調するなら，LookBack レポート（心得６，48参照）などで自分の振り返りが適切だったかどうかを振り返ることも効果的です。

振り返りの方法は様々

振り返りの仕方はたくさんあります。例として５つをご紹介します。

①自分のノートまたは本時のプリントに記入する。
②振り返りシートを授業プリントと別に用意し，そこに記入する。
③端末を利用して教師に提出させる。
④端末のコメント機能などで全体で共有する。
⑤表計算ソフトなどでコメントシートを用意し，そこに入力させる。

　どの方法も一長一短があり，例えば①②③⑤は生徒の記述内容は教師しか見ないようにできますが，④は仲間にも公開されます。はずかしがる生徒がいる一方，助けられる生徒もいるはずです。また，②〜⑤はノートの回収をしなくても教師がすぐに点検することができます。一方，②は配付・回収に時間がかかり，⑤はシートの準備に時間がかかります。また，②や⑤は教師のコメントを返しやすいですが，①は回収する必要があったり，④は他の生徒に公開されているため　不向きです。このように，時間対効果も考えながら，目の前の生徒の実態に合った方法を選んでみましょう。

心得㉙

「振り返り上手」を育てるには，成功体験が必要。
実態に応じた方法と視点を与えることが重要になる。

【第３章参考・引用文献】

・心得25

　加藤幸太（2024）「文字式の利用に関する問題発見の実態〜「ぶどう算」を用いた３校での比較授業を通して〜」（『日本数学教育学会第106回大会発表要旨集（大阪大会）』p.280）

第4章
他教科との連携を図る

30 板書の約束事を共通理解する

CHECK!

板書は教科によって，教師によって個性を出せるところ。しかし，生徒のためには共通にしておくべきことも多い。どんな点を他教科と共通にしておく必要があるのだろうか。

チョークの色づかいを共通理解する

チョークを使った授業はまだまだ主流ですが，「めあて」「まとめ」「問い」「ポイント」「考え方（方針）」など，決まったパターンがあると，生徒にも浸透しやすいことはご承知のことと思います。

また，近年は色覚異常の生徒を前提として，各校で色づかいが相談されているのではないでしょうか。特に，赤緑色覚異常の生徒を想定し，赤字は囲み線までとしてできるだけ字を書かない，強調する文字は黄色を使うなどの配慮が一般的になっています（ノートには赤や青で写させる）。

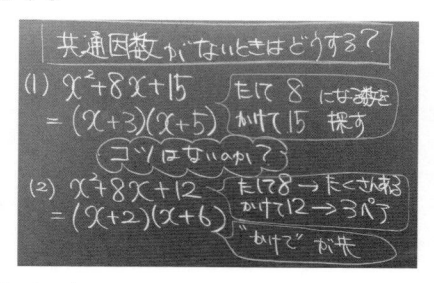

例えば，右上の板書例ですと，次のような約束に基づいています。

○　「めあて」（共通因数がないときはどうする？）は青字で囲む。

○　「方針」（たして８・かけて15になる数を探す）は赤字で囲む。

○　「問い」（コツはないのか？）は黄色の雲形で囲む。

○　「ポイント」（"かけて" が先）は赤枠に黄色字で目立つように書く。

こういった約束事を，学校の職員全体で共通理解しておきたいものです。

黒板への貼り紙を極力減らす

担任をしていると，毎日たくさんの掲示物が配られますし，特別日課の時程表など，生徒に注目させなくてはならないものもたくさんあります。しかしながら，黒板に貼ってしまうことは極力避けたいものです。特に，数学科はいろいろな考え方が出れば，その分板書量が増えるので，生徒の意見が活発であればあるほど，端から端まで活用しても足りないくらいです。

そこで，数学科の教師だけではなく，学校全体として，黒板にに貼らないことを日頃から共通理解しておくことをおすすめします。**特に，自教室で授業をすることの少ない移動教室の教科の先生方は，なかなか実感しづらいものがあると思うので，丁寧に説明しましょう。**

「問い」を板書して論点を整理する

数学科に限らず，問題発見・解決能力の育成が求められています。つまり，**どの教科でも問いが重要になっている**のです。一方で，問いが板書されている授業は，まだまだ多くはない印象があります。ぜひ，数学科が率先して，問いを板書に残し，他教科を牽引してみてはいかがでしょうか。

具体的には，先の板書例の場合，「コツはないのか？」という問いです。前時に共通因数で因数分解をしているため，展開と逆思考であることはわかっているものの，「たして・かけて」の解き方は慣れるまではスムーズにはいかないものです。そこで，この問いを板書することによって，苦手な生徒も「今はコツがわかっていない状態だけど，解きやすいコツを見つければいいんだな」と論点が整理され，試行錯誤に向かう生徒も増えるでしょう。

色分けなど教科を超えた全校の約束事を確実に共有しよう。
問いの板書が論点を明確にしてくれる。

31 宿題の出し方を
教科を超えて決めておく

近年は，宿題の提出を負担に感じ，それが不登校の一因となるような生徒もいる。何のために，どんな宿題を出すことが適切なのだろうか。

宿題を出すべきかどうかすら意見が分かれる時代

　ひと昔前なら，適度な分量の宿題を出すことが望ましいとだれもが思っていました。しかし，近年は「本当に効果があるのか？」「苦手な生徒にしてみると負担でしかない」「親が苦労するだけ」「計算練習は AI に訊けば解決してしまう」など，宿題を出すことに対する反発が強まりつつあります。

　一方，「家庭学習を定着させること」や，「計算技能を上げること」「自分の力量を自覚すること」「自分に必要な学習を調整すること」など，必要だとする理由ももちろんあります。

　だからこそ，宿題を出すには，その意図を保護者にも伝えることが必要になってきています。さらに，その意図に即した出し方が必要になってきています。参考までに，これまで私が経験した中から，いくつか例を示します。

・毎日10問ずつ出される計算練習を小テストに合格するまで行う。

・テスト範囲のワークの問題をテストまでに解く。

・自分の解く問題は自分で選ぶ。

・計算練習の代わりに自分で発展レポート（心得48参照）を書いてもよい。

　これらは，すべて一長一短あります。特に，**個別最適な学びを目指し，自分で自分に必要な問題を選ばせることが理想的ですが，そのためには適切な問題を選べるような事前指導も必要になってきます**（心得27，47参照）。

いつワークを提出させるかも他教科と連携を

多くの教科では，定期テストが終わると，テスト範囲のワークを提出させることが多いと思います。特に，テストのときだけ点検する教科では，生徒は複数の教科の膨大な提出物が同じ時期に重なるため，大きな負担を抱えることになります。ひと昔前なら，終わらない生徒にも「計画的に進めておかないといけない」と強めに指導していましたが，今ではこれだけで不登校要因になるケースも出てきています。

不本意に思う先生方もいらっしゃるでしょうが，**各教科で提出時期を少しずつ変えて，日程調整をしたり，提出回数を多くして１回あたりの量を減らすなどの配慮が必要になってきています。**

再提出や再テストをどこまで行うかも他教科と連携を

ワーク等を提出させると，答えを丸写しして出す生徒がいて，指導の一環で再提出を求める場合があります。一方で，苦手な生徒にしてみると，解けない問題ばかりで，「まともに考えていたら終わるわけがない」という場合もあり得ます。再提出させるにも，個々の事情に応じる必要があります。

すると，**他教科とも連携をしておかないと，同じ生徒であっても教科によって再提出や再テストの厳しさに差が出てしまいます。**場合によっては，不登校の要因にすらなるので，その判断は教師個人に委ねられるべきものではありません。特に若手教師の中には，ワークを完成することのできない生徒に対して，「最後の落としどころ」を柔軟に提示することが苦手な方もいます。教科主任はじめ，ベテランがリードしたいところです。

 心 得 ㉛

 POINT!

宿題を出すにも目的と方法・内容を説明する必要がある。再提出や再テストは柔軟に対応する時代になっていることを共通認識したい。

32 授業開始の望ましい状態を整える

授業開始前の準備は「黄金の三日間」で定着を図る

　「授業までに準備を整えておきましょう」という呼びかけや，チャイム前着席などは，委員会活動の一環としても行われていることと思います。では，さらに細かく見たとき，例えば，次の点はいかがでしょうか。

・教科書を開くか開かないか。机の上か机の中か。

・ノートに日付などを書くか書かないか。

・ワークは机の上か中か。

・端末は開くか開かないか。机の上か机の中か。

・前時の黒板は消されているか。どの生徒が担当か。

・チョークはそろっているか。どの生徒が担当か。

　どれも正解は決まっていませんが，曖昧なまま進めると授業に支障が出ることがあります。さらに，端末の準備は，「必要以上に出さない」という方針の学校か「文房具のように使う」という方針の学校かで，大きな違いが出ます。授業初日からの確認が必要な項目になります。

　このような「しつけ」の面は，授業開始から3回の「黄金の三日間」で指導することが重要です。新年度はじめは，どの生徒も前向きに取り組もうとします。**4月がしっかりとできていれば，ゆるみ始める時期が来たとしても，「4月当初の状態を取り戻そう」と原点回帰を目指すことができます。**

数学の前後の教科を把握しておく

　時間を守るように指導しても，生徒が授業に遅れてくることがあります。そんなときでも，生徒はしっかりと急いでいるかもしれません。例えば，理科の実験が長引いた，体育の片づけでトラブルが起きたなど，生徒に落ち度がない場合もあります。**数学の前が移動教室だったり，準備・片づけに時間がかかる教科だったりしないかを把握しておくことで，生徒が遅刻しても早とちりせず，適切な指導ができます。**

　同様に，数学の後の教科も確認しておきましょう。授業最後に時間が足りなかったという場合など，延長することは望ましくありませんが，それでも延長してしまったときに，次の授業にまで影響を出すことは避けなければなりません。

前時のメモや振り返りを見直させる

　さらに，前時のメモや振り返りを見直すように習慣づけておくことも効果的です。前時のメモや振り返りには，参考になりそうな考え方などが書いてあることが多く，前時の授業内容と本時との関連が強い場合は，本時の足場づくりに最適です。また，メモや振り返りを書いてから1日以上経ってみると，自分の記述内容を客観的に捉え直し，自己評価することにもつながります。このように，**前時のメモや振り返りの内容を見直すことで，「メモ上手」「振り返り上手」を育てることにもつながっていきます。**

　一方，教師自身も前時のメモや振り返りが役立つ授業をする必要があります。教師の単元計画の力も育ちそうです。

　授業開始前の準備は「黄金の三日間」で定着を図ろう。
　前時のメモや振り返りの内容を見直させることも効果的。

33 他教科との カリキュラム・マネジメントを図る

カリキュラム・マネジメントが必要とされるものの，数学科は他教科との連携をなんとなく敬遠しがちな面がないだろうか。具体的には，どのような相乗効果が期待できるのだろうか。

理科とのカリキュラム・マネジメント

おそらく数学と最も接点の多い教科は理科です。典型例の1つは，関数 $y=ax^2$ と「等加速度直線運動」ではないでしょうか。指導時期は学校によって異なると思いますが，時期を微調整することは可能だと思います。

そのため，**どちらが先行して進めるかを確認すること**が必要です。数学科で学習する「y の増加量」は，理科で学習する「台車が移動した道のり」であり，数学科で学習する「平均の速さ」や「変化の割合」は理解で学習する「速さ」に当たります。そして，理科では実験や観察を基に授業を進める場合がほとんどです。そのため，理科が先行すれば，数学科の役割は実験結果を理想化して検証することに近づきますし，数学科が先行すれば理想値を理科の実験で再確認することになるでしょう。

このほか，物理分野における密度や圧力の他，地学分野の初期微動継続時間などの内容は，数学科の比例・反比例の学習と密接に関わっていますし，比例式などの学習とも関連します。また，理想化や単純化の考え方は，どちらの教科にも共通したもののため，どちらが先に学習するか，昨年度までの既習はどこまでかを確認しながら進める必要があります。さらに，何の値を変えることで何の値に影響を及ぼすのかなどの関数的な見方や考え方を働かせることも，理科との連携を図ることになります（心得49参照）。

総合的な学習の時間とのカリキュラム・マネジメント

　総合的な学習の時間では，探究的な学習が行われますが，データを集計して判断する場面も多くあります。このようなときに，小学校の既習となるグラフや代表値の知識はもちろん，**ヒストグラムや箱ひげ図，標本調査などを活用して判断することも効果的**です。

　そのためには，数学を先行して学習する必要があります。私は，１年生のヒストグラムなどを夏休み前に授業で取り扱い，夏休み中の探究に生かすように指導したこともあります。その際は特に，自分でヒストグラムなどを作成できるように，統計ソフトを自由に使えるような力や，PPDAC サイクル（特に Check）を意識して，評価・改善するような力を数学科の授業の中で育てておくことが重要になります。

他教科とつながるのは，知識や技能だけではない

　ここまででわかるように，他教科の学習とつながるのは，知識や技能だけではありません。数学的な見方や考え方が理科とつながるように，評価・改善しようとする学びに向かう力が総合的な学習の時間につながるように，いろいろな側面が他教科に影響を及ぼします。

　さらに，運動会という学校行事とトラックの学習（２年の式の計算）が関連づいたり，温暖化を箱ひげ図で調べたりと，教科を超えて学びが広がる内容には，**非認知能力の育成にも大きな影響を及ぼすことが期待されます。**

　数学科主任は，他教科の先生方と連携を取りながら，こういった可能性を探りたいところです。

理科や総合だけでなく，様々なカリキュラム・マネジメントが可能。
知識や技能だけでなく，見方や考え方・学びに向かう力も対象に。

34 班活動は目的や効果に 適したものを取り入れる

CHECK!

班活動をするときに，グループ編成で迷うことも多い。一方，班活動はただ対話を通して学習を深めるにとどまらない，意義深い活動にもなり得る。

班の人数は原則４人まで

　班活動を取り入れる際に，「何人班がよいか」で迷う先生方も多いと思います。例えば，意見が多様な中で合意形成することを目的とするなら，班員の数は多い方が効果的です。一方，班員とお互いのノートを見せ合ったりするためには，４人が限界だと考えます（５人になると，端と端の生徒はお互いのノートが見にくいため）。

　そのため，場合によって異なることを前提としながらも，数学科の特徴からは後者の４人班が原則となると考えます。一方で，他教科には異なる原則があるかもしれません。特に，「生活班」のような組織は４人単位ではなく，６人程度を単位とすることが多いようです。もしも「授業中も生活班単位で協力させたい」という担任の学級経営上の方針があったときに，数学科として受け入れるべきかどうか，場合によっては学校全体を巻き込んだ議論が必要になるかもしれません。

　また，４人班で活動する際にも，さらなる教師の配慮が必要です。例えば私は，生徒と生徒の対話を少しでも促すために，班活動中の机間指導では，対角線の生徒と生徒の対話を意識しています。**対角線での対話が始まると，他の２人も自然と対話に参加したくなるから**です（心得16参照）。

司会を立てることには一長一短ある

　班隊形にしても，すぐには意見が活発に出ないことは，多くの先生方が経験されていると思います。話し合いの論点が明確であることや，だれとでも話せる学級風土が築かれていることが基盤になりますが，過渡期には司会を立てる方法を選ぶこともあり得ます。司会を立てることで，話し合いがスムーズに進行するというメリットがある一方，形式ばった話し合いになって素朴な疑問やその場での意見が出にくいというデメリットもあります。

　このように，司会を立てることには一長一短あります。**学校としての判断がある場合も考えられるので，数学科主任が他教科との確認を行ったうえで方向づけることも必要**でしょう。

班活動は生徒指導面，学級経営面でも機能する

　班活動は，生徒指導面からも求められることがよくあります。1つの側面は，苦手な生徒が学習から離れる前に，仲間に相談できる環境をつくることです。ささやかな自己存在感が残せるような効果が期待される側面です。また**「仲間全員で学び進めていく」という学級風土づくりの根幹**とも言えます。

　もう1つの側面は，人間関係づくりです。これは特に年度当初の4，5月に「新しいクラスになって，まだ友だちがいない」という生徒を出さないためにも，いろいろな生徒と対話をする機会をつくることです。年度当初に座席の近いメンバーで班を組むと，どうしても出席番号が近い生徒とばかり対話することになりがちです。各教科ごとに数学班・国語班などを決めて，多様な仲間と接する機会を設けることも効果的です。

数学科の班活動は4人が理想的。司会を立てることには一長一短あり。班活動は生徒指導面でも機能することを意識しよう。

35 生徒の発表方法の長所と短所を 理解して使い分ける

生徒に発表させる際，どのように指名するか。目的によって指名方法も変わるため，それぞれの長所と短所を理解する必要がある。また，1人の発表から生徒全体の対話を広げたい。

挙手指名と列指名・意図的指名を使い分ける

生徒を指名するとき，どのように指名しているでしょうか。指名には少なくとも3つあり，すべてに一長一短があります。

> 挙手指名……挙手した生徒を教師が指名して，該当生徒が発表する。
> 列指名………教師が列を指定して，順番に生徒が発表する。
> 意図的指名…教師が意図をもって指名し，生徒が発表する。

挙手指名は，自信のある生徒が挙手するのでスムーズに授業が進みやすい一方，「できる子だけが発表する授業」になりがちです。また，まれに的外れな意見が出て，授業が思わぬ方向に進むこともあります。列指名は，テンポよく指名できるのでリズム感が大事な導入などで有効ですが，苦手な生徒も列に含まれるので難しい問題が含まれるときは適しません。意図的指名は，教師のねらいに迫る発表が期待できるため有効ですが，特定の生徒に偏りがちで，指名された生徒が照れくさくて発表しづらいこともあります。

そこで私は，授業の導入や簡単な復習など，だれでも答えやすい問題が数問続くときは列指名で，多くの生徒を活躍させるようにします。そして，全体で議論を深めるときは挙手指名や意図的指名を用います。**意図的指名のときは，発表しやすいように，はじめから2人を指名する**ことが多いです。

意図的指名をするためには机間指導を念入りに

意図的指名は教師のねらい通りに授業が進むため，多用すると生徒が教師のお気に入りの答えを忖度するようになりがちです。そのため，理想的には意図的指名を使わずに授業を進めたいところです。

しかし，最後のまとめまでたどり着かないことも起こり得るので，現実にはギリギリまで待ちながらも，最後は意図的指名を使わざるを得ないことは多いと思います。そこで大切になるのが，**意図的に指名する生徒がどんな発表をしそうなのかを机間指導中に把握しておく**ことです（心得18参照）。

１対１の対話を全体に広げる

生徒が発表するとき，ともすると発表した生徒と教師の１対１の対話になりがちです。そうなると，発表内容が伝わらなかった生徒が置いていかれる事態になりかねません。

そこで，教師が「今の意見について，○○さんはどう思う？」のように他の生徒に対話を広げたり，わざとわからないふりをして「○○さん，もう１回同じ説明をしてくれる？」と２人目の生徒に代理説明を頼んだりすることが効果的です。**特に若手教師は，求めていた発言が出ると「正解！」と教師が決めつけてしまいがちなので，教室全体が納得したことをもって「正解」となるような授業風土をつくることの大切さ**を伝えたいものです。

また，発表した生徒にみんなで拍手を送ったり，「賛成です」のような声をかけることも大切にすると，発表した生徒が納得して終われるので，次も進んで発表してくれるでしょう。

指名の方法はどれにも一長一短があり，使い分けが必要。
１対１の発表にせず，全体を巻き込むように授業を進めよう。

36 読み手が追実践できるように 学習指導案を書く

学習指導案を読んで，いざ追実践しようとすると，抽象的過ぎて真似できないことがある。追実践しやすい学習指導案とは，どんなものだろうか。

数学科として「予想される生徒の反応」を大切にする

　学習指導案を作成するときには，いろいろな点に気をつかうものです。各教科で共通の形式を使うでしょうから，数学科の都合だけで決まるものではありませんが，**ぜひ大切にしたいのは「予想される生徒の反応」**です。

　数学科は生徒の数学的な見方や考え方を引き出すことが授業の核となります。例えば，２年生の文字式の利用で有名な，Ａの円１つとＢの円

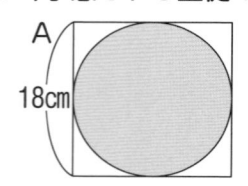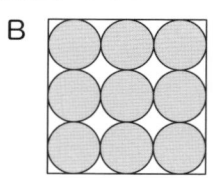

９つの合計はどちらが大きいか求める問題の導入場面です。予想される生徒の反応が①〜③まであれば，それらに応じた指導を想定しておくことで，問題解決的な授業を実現しやすくなります。

生徒の活動	教師の手立て・留意点
＜予想される生徒の反応＞ ①円周率を3.14にしてしまう。 ②Ａを半径18cmとして計算してしまう。 ③Ｂの円１個の面積＝Ａの円１個の面積÷３と考えてしまう。	・①の生徒には，「3.14でも正確でない」ことを伝えπに気づかせる。 ・②の生徒がいれば図に注目させ，直径が18cmであることに気づかせる。 ・③の生徒には半径が1/3であることを共感したうえで，具体的に面積を求めさせ，面積は1/3ではないことを実感させる。

指導上の留意点は具体的に書く

先の③に対する教師の手立てが「面積は $\frac{1}{3}$ でないことを理解させる」だけだったら，学習指導案を読んだ方は真似できるでしょうか。ともすると「違うよ。半径が $\frac{1}{3}$ だからって面積が $\frac{1}{3}$ とは限らないでしょ」と教えてしまう教師も出てきそうです。

そもそも学習指導案は，読んだ方が追実践をするためのものです。できるだけ具体的に書いた方が追実践しやすいはずです。だから「共感したうえで」「具体的に面積を求めさせ」ることが書いてあると，あくまで生徒自身に「実感」させようとする立場だということが伝わるわけです。

一方，中には「予想される生徒の反応」を細かく書きにくい教科もあるため，他教科への無理強いはできないことには注意が必要です。

研究主題との関連を明示する

校内研究の主題が決まっていて，その研究に基づいた学習指導案を作成する場合，研究主題との関連性を明らかにする必要があります。ただ，展開部分の外で関連性を記載する方法もあれば，展開部分にマークを決めて記載する方法もあります。一般的に前者の方が多くの授業で当てはまることを記載する傾向が強く，後者の方が具体的に本時の授業ならではの手立てを記載する傾向が強いと思います。

この点は，**研究主任と相談のうえで，学習指導案を作成する教師が迷わなくて済むような配慮をしましょう。**数学科としては，先の理由から具体的に展開部分に書く方が望ましいと考えます。

「予想される生徒の反応」を具体的にたくさん出そう。留意点や研究主題との関連も追実践ができるように具体的に記載したい。

37 全国学力・学習状況調査で汎用的な問題点を共有する

全国学力・学習状況調査の結果は確認しているだろうか。多忙ゆえにじっくり見ることは難しいかもしれないが，全国の中学校と比較するデータは数学科にも学校全体にも貴重。

全国学力・学習状況調査は自校の課題が明確に見える

　4月に行われる全国学力・学習状況調査ですが，学校側の負担も大きく，現場からは敬遠されがちな面があります。しかし，示唆に富む問題から授業構想が膨らみます。さらに，**全国の中学校と比べられる調査は他に類がなく，自校の課題を主観的にではなく客観的なデータとして確かめられるという大きなメリットがあります。**

　一方で，数学科の場合は毎年調査が実施されており，1，2年のときに担当していた教師の指導が結果に反映されるため，結果が不十分なときに責任を感じてしまう方もいます。1人だけの責任にならないように，「チーム数学科」としての反省をしたいものです。

　また，数学科の結果から見える課題の中から，教科を超えてどの教科にも通じる汎用的な課題も見いだせると，学校全体としての授業改善につなげることも可能になります。以下，この2つの視点で述べることとします。

数学科としての結果を分析する

　数学科固有の分析としては，「知識・技能」を中心とした問題，「思考・判断・表現」を中心とした問題，数学科に関する質問紙調査の一部が該当します。まずは俯瞰的な目線で「知識・技能」が全国平均と比べてどの位置にあ

るのか，「思考・判断・表現」はどの位置にあるのか，低い場合にはさらに分析的にどのような傾向があるのかを調べます。いくつか例を示します。

・偶数を $2n$ と表せるのに，連続する偶数では $2n+2$ が表せていない。まだまだ知識が暗記に近いな。今まで以上に原理・原則を大切に授業しよう。

・本校は，仮定を満たしながら図形が変化する問題での正答率が低い。これからは動的幾何ソフトを利用して，図形を動かすことに挑戦しよう。

・本校は「方法や手順を説明する問題」の正答率が特に低い。そういえば，問題解決的な授業の見通し部分を教師が説明してしまうことが多いな。

数学科だけでなくどの教科にも通じる汎用的な課題を見いだす

　数学科の結果を基に汎用的な課題を見いだすためには，個々の設問に依存せず，俯瞰的な目線で振り返ることが必要です。こちらについても，いくつか例を示します。

・本校は，暗記中心の「知識・技能」は正解できるが，概念的理解に達してはいない生徒が多い。具体的な知識と，一般性のある知識の違いを教師が意識しながら指導するように授業改善を図ろう。

・本校は，論理的に説明するときに自己流の文章で書く生徒が多い。自分で書いた文章を自分で添削する活動を全教科で取り入れよう。

・本校は，学校で学ぶ意義を感じ取れていない生徒が多い。教師が説明するのではなく，自ら必要感を実感できる導入を研究する必要がある。

　上の3点の内容からは，数学科だけでなく教科横断的なテーマに近づいていることがわかります。また，これらは学校全体の研究主題の設定理由としても十分な説得力をもちます。

全国学力・学習状況調査から数学科固有の課題を見いだすと同時に，どの教科にも通じる汎用的な課題を見いだそう。

38 働き方改革を促す

CHECK!

授業の準備時間などは，削減する対象ではなく，さらに充実させるべき対象。では，テストの採点業務ではどんな働き方改革ができるだろうか。提出物や次年度の改善点はどうだろうか。

採点業務の負担を軽減する

働き方改革が促進されていますが，授業の準備時間などを削るわけにはいきません。むしろ，他の業務を削減して，授業準備に充てることが本筋のはずです。とはいえ，削減できることは限られていますが，その１つがテストの採点業務ではないでしょうか。問題作成者の先生が１人ですべて採点しようとすると，採点基準のブレがない面では望ましいですが，あまりにも負担が偏り過ぎます。そこで，**A教諭が$\boxed{1}$〜$\boxed{3}$，B教諭は$\boxed{4}$に集中…というように分担して協働する職場の風土をつくりたい**ものです。理想的には，数学科の教師が他教科の採点を手伝い，逆に手伝ってもらうという，教科を超えた採点業務があってもよいのではないかと思っています。

また，最近は AI によるデジタル自動採点システムを導入する自治体も増えています。過渡期は新しいシステム導入での困難もあるでしょうが，ぜひ前向きに取り入れて，採点業務が正確にかつ速やかに終わるように工夫していきましょう。

提出物の点検は働き方改革に逆行している

例えば，ワークを提出させる際の点検はどのようにしていますか。提出したかどうかという形式的な評価では成績に加味できないので，当然ながら中

身の質を確認し，評価することが必要となってきます。個別最適な学びを促していれば，提出される中身は生徒によって異なるため，点検にもよりたくさんの時間が必要になってきます。

　さらに，レポートの評価は負担が増えます。AI の発達によって，生徒ではなく AI が作成したレポートの可能性があることもその一因です。今はまだ AI は数学には弱いようですが，日々改善されており，時間の問題で AI が数学のレポートを作成できるようになるでしょう。その場合も考慮して，教科を超えてレポート評価の方針を相談することが必要です。

　このような相談をしておくことが，毎回多くの教科で同じ苦労を繰り返すことを防いでくれます。方針が固まるまでは大変ですが，働き方改革のためと思って，積極的に相談をしてみましょう。

単元ごとに授業ファイルを作成する

　若手教師だけでなく，毎年の教材研究は前年度までの授業を基にして改善することから始まります。しかしながら，前年度までの記録が残っていないと，遠い記憶を基にすることになるため，過去と同じミスをしてしまったり，授業準備に同じだけの時間を費やしてしまいがちです。

　そこで，授業ごとの紙媒体のファイルまたは電子データのフォルダを作成して記録を残すことをおすすめします。これらは，ファイリングするときは時間を費やしますが，次年度のための働き方改革になっているはずです。何より，**確実に改善した授業を行えるので，生徒の学力も高まりますし，教師の授業力も向上する**はずです。

採点業務は分担や AI 活用で時間短縮を図ろう。単元ごとのファイルを蓄積して，次の年度の働き方改革につなげたい。

【第4章参考・引用文献】

・心得35

　石井順治（2010）『教師の話し方・聴き方』（ぎょうせい）

第5章
地域の数学科研究を推進する

39 地域の数学科研究体制を組織する

CHECK!

地域で数学科の研究を進める際，どんな体制づくりが必要だろうか。忙しい中で行う研究だからこそ，楽しく進めたいもの。そのためにベテランは，どんな支援をするべきだろうか。

地域の研究授業は協働して進める

　地域の先生方が集まって，数学科の研究を進めることがあります。「研究は重荷」と感じる方が多いのではないかと思いますが，授業が教師の本分である以上，授業改善の継続的なシステムは絶対に必要です。

　一方で，近年の若手教師の増加，中堅教師の減少に伴って，研究授業を若手教師に任せっきりになることが増えているように感じます。年齢構成上，どうしようもなく若手に担当が回る場合もあると思いますが，その場合でも**担当教師が1人で負担を背負うことがないシステムをつくることは先輩教師の務め**です。そこで本章では，あなたは授業者ではなく，授業者を支える立場という前提で述べていきます。

　具体的には，研究構想の段階から検討会を設けたり（心得41），指導案検討の段階でも検討会を設け（心得42），プレ授業や本番を参観しながら記録を取ったり（心得43），協議会を進めたり（心得44），研究発表につなげる（心得45・46）など様々な段階があります。

研究を楽しむコミュニティーをつくる

　研究というと「辛い」というイメージをもつ方がいますが，本来，数学の授業づくりや教材研究が好きな人が数学科の教師になっているはずです。日

頃の忙しさゆえに，研究まで手を伸ばすのが大変という気持ちもあると思いますが，それを強調してしまうと，コミュニティー全体が前向きにならなくなってしまいます。**忙しい中で研究をするのですから，むしろ「みんなでいい授業をつくるぞ！」という前向きな気持ちで体制づくりに取り組み，ワクワクしながら研究に取り組めるような環境を整えましょう。**

コミュニティーの研究目的を明確に

研究の目的は多くの論文で核となるものですが，そのコミュニティー全体が同じ目的を共有できているでしょうか。

例えば，「手早く論文が終わるテーマにしよう」という目的が見え隠れしてしまうと，本当に関心のあるテーマとは別物を研究してしまうこともあります。「担当教師が得意分野としている ICT を使う」という目的が背後にあると，「活動あって学びなし」と言われるように，生徒が ICT を活用する場面はあるものの，その手段を通して何を学んだのかが曖昧になることもあります。また，「生徒に探究力を身につけさせたい」という抽象的な目的をもっていても，具体的な「○○の問題で，△△のように考える生徒を育てたい」という目的とセットでイメージしておかないと，コミュニティーの中にいる教師がそれぞれ違う具体を想像してしまうこともあります。

そのために，研究の目的を明確にするとは，**「（教師がではなく）生徒にどうなってほしいか」を，一般的な言葉と具体的な姿の両面から共有しておくことが重要**になります。ベテランは，研究未経験の先生方の思いを尊重しながら，具体が足りなければ具体を促し，一般が足りなければ一般論を促して，目的を明確にしながら共有していきましょう。

地域の研究はみんなで協働的に行おう。
研究の目的は「生徒が…」を一般と具体で語ることで明確に。

40 近隣校との風通しのよい関係をつくる

近隣校の教師との連絡・相談は行っているだろうか。また，切磋琢磨できる間柄になっているだろうか。まずは風通しのよい関係をつくることで，本筋の研究に前向きに取り組みたい。

SNS などで気楽に情報共有できる環境をつくる

　地域の他校の数学科教師と相談しやすい関係をつくることが大切なのは言うまでもありません。多くの方が連絡先を交換して，いつでも話しやすい環境を整えているのではないかと思います。

　そこで，研究仲間としてさらに一歩近づくために，こんな工夫はいかがでしょうか。

・数学教育に関連したニュースやテレビ番組を SNS 等で共有する。

・ちょっと工夫した授業を板書写真つきで送る。

・研究会のお知らせを情報共有する。

・おすすめの本やサイト，実践報告を紹介し合う。

　このような一歩進んだ情報交換ができるようになると，お互いに刺激し合えるようになるため，切磋琢磨できる前向きなコミュニティーに発展していけると思います。

同じ学習指導案を他校でも実施する

　さらに一歩進めて研究を具体的に進める中では，本番の前にプレ授業をしたいと思うときがあります。しかし，該当校の生徒を相手にプレ授業をするとネタバレしてしまうため，避けたい場合もあります。そのため，授業者の

先生はイメージをもてないまま本番を迎えることがあります。

　そんなときには，**「うちの学校で試しに実践するから見に来なよ」と声を
かけて，同じ学習指導案のプレ授業を実施してあげる**のはいかがでしょうか。
先輩の先生が実践してくれることは心強いでしょうし，先輩でも完璧な授業
は実践できないことを実感することも貴重な経験になるはずです。当然なが
ら，先輩の授業から学ぶことも多いはずです。

　もちろん，授業後の協議会はしっかりと行いたいものです。本番に向けた
改善案を具体的に出すチャンスとなるからです。

アンケート調査に協力する

　研究主題によりますが，最後に調査問題やアンケート調査を実施して，変
容をみる場合があります。例えば，「証明の意義理解の向上」を目指した研
究のときは，全国学力・学習状況調査の問題を用いて「他校よりも優れた結
果が出ている」と示すこともできます。一方，「証明から問題を発展しよう
とする態度の育成」を目指す場合は，比較対象となるデータがほしくなりま
す。そんなときに，「うちの学校でも同じアンケート調査を実施するから比
較に使っていいよ」と協力をしましょう。

　一方，どんなアンケート調査でも受け入れる，というわけにはいきません。
先の例なら，あなたが日々の授業で「問題を発展しようとする態度」を育成
しようとする特別な工夫がなされている場合は，比較対象として適切ではな
いからです。また，比較対象となる場合には「研究のために効果的だと思わ
れる指導法を意図的に採用しなかった」という倫理的な問題も含まれること
があります。**研究とはいえ，教育的な意図が優先であることは当然**です。

まずは気楽な情報交換から切磋琢磨できるコミュニティーを育てた
い。プレ授業やアンケート調査など協力できることは率先して行おう。

41 授業研究のテーマを決める

授業研究のテーマを決めるまでが，研究の最も大切な時期。テーマが本人の希望とズレないように，研究の意義が実感できるように配慮しながら，どのような支援ができるだろうか。

授業者の希望を最大限に尊重しながら絞る

研究を主で進める人が授業者であるという前提で述べます。

研究は試行錯誤の繰り返しですし，心が折れかけることもあるかもしれませんから，授業者が本当に興味のあるテーマを選ぶことが大切です。ですから，それを支える側としては，研究テーマを絞る際に，授業者の希望を最大限に尊重することが必要です。

ところが，これがとても難しいものです。希望が多過ぎて主題が広がり過ぎることや，授業者自身の中で希望が何か明確でないことがよくあるからです。例えば，「ＡもＢも研究したい」という中から，どちらか１つに絞るような場合であれば，**「ＡだけどＢでない研究」や「ＢだけどＡでない研究」などを選択肢としてイメージさせるような助言が必要**になります。もちろん，最後の決定権は授業者自身に委ねることが重要です。

全国学力・学習状況調査で主題設定の理由を骨太にする

主題が決まってきたら，主題設定の理由を明確にする段階があります。生徒の実態調査が必要な場合もありますし，教育の潮流から述べることもあります。しかし，研究の意義が主観（授業者だけの個人的な考え）だけではなく，客観的なデータからも求められていることを示すのであれば，数学科に

とって最も有効なのは全国学力・学習状況調査ではないでしょうか。

　そこで，授業者の問題意識に近い調査問題を参考資料として紹介することで，主題設定の理由が骨太になってきます。

　さらに，全国学力・学習状況調査を参考にすることで，研究成果を示すための検証問題のイメージもわきやすくなってきます。つまり，**「○○という問題で△△という回答が増えれば成果と言えるな」という感覚がイメージできるため，研究のゴールイメージがもちやすくなる**のです。

先行研究で主題設定の理由を骨太にする

　さらに，主題設定の理由を骨太にするためには，先行研究を調べることが重要です。もちろん，我々教師は研究者ではないので，先行研究のすべてを熟知していることはないでしょう。そこでは，用語の定義を調べる際などに必要な理論研究と，自身の実践と関連した実践研究の両面が必要になります。どちらも検索サイトで先行研究を調べたり，詳しい仲間に尋ねたりしながら，その分野のプロを見つけることが大切です。また，論文でも書籍でも理論研究もあれば実践研究もあります。まずは読みやすい本を探して，その本の著者や参考文献を検索してみることも効果的です。

　その際，研究目的・研究内容・研究方法をすべて新しくする必要はありません。むしろ，目指す姿（目的）と単元（内容）は先行研究と同じだけど，教師の手立て（方法）だけが新しいというように，一部だけを新しくする取組の方が，研究の蓄積を生かしていると評価されるでしょう。そのためには，**目的・内容の似た先行研究だけでなく，内容・方法や目的・方法は似ている先行研究を集めることが重要**になります。

心得㊶

授業研究のテーマは授業者の希望を大切にしながら絞りたい。
全国学力・学習状況調査や先行研究などの下調べを支援しよう。

42 授業前の学習指導案を検討する

学習指導案の検討はつい欲張り過ぎて，盛りだくさんになってしまいがち。どのように舵取りをすれば，授業者の意図を優先した検討会ができるだろうか。

盛り込み過ぎにならないように取捨選択をする

　研究授業に向けた指導案検討では，熱い議論が交わされます。一方，いろいろな意見を取り入れているうちに，内容を盛り込み過ぎになってしまい，50分では終わらない計画になってしまうことが多くあります。

　下の問題は私が過去に行った研究授業の題材です。原問題を扱った後に，四角形 ABCD の形を条件替えして発展的に考えることを通して，本質的な条件 AB ＝ CB に気づかせることを目標とした授業です。この検討会でも「証明はしっかり書かせるべき」「すぐに条件替えはできないから，長方形も全体で扱うべき」など，たくさんの意見が出ました。しかしすべてを取り入れると盛り込み過ぎになるため，取捨選択をする必要がありました。

【原問題】

　右図のように，正方形 ABCD の 2 辺 AB，BC の中点をそれぞれ M，N とする。このとき，AN ＝ CM となることを証明しなさい。

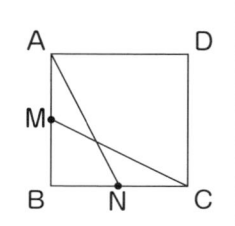

【条件替えによる発展】

　正方形をひし形や長方形などに変えることで，AN ＝ CM が成り立つ条件が AB ＝ CB であることを明らかにする。

困ったときは「研究の目的」に戻す

　この研究授業では，証明をどこまで正確に書くかが論点の1つになりました。特に「BN＝BM」の根拠を正確に書けば「AB＝BC の仮定」「M，Nが2辺 AB，BC の中点だという仮定」の2つが根拠となるはずです。しかし，そこを深掘りすると条件を替えて発展する時間が十分取れなくなります。

　こんなときは，**授業者の意図とも言える「研究の目的」に戻って考えることで優先順位がつけやすくなります。**本授業だと，「正確な証明を記述する力」よりも「発展する際に原問題の証明を活用する力」を重視していたため，「後で発展できるための原証明」として研究上の位置づけをしました。そのため，結果的には「仮定と①より」程度の簡略化した記述で十分と判断し，原問題の証明を「研究の目的」に沿ったものにすることができました。

予想される生徒の反応を豊かにする

　授業者がはじめてチャレンジする授業の場合，1人だけでは難しいのが「予想される生徒の反応」です。**プレ授業をすれば見えてくるものの，できることなら指導案検討の段階から，予想される反応を洗い出しておきたい**ものです。先の題材でも，生徒がどんな図形に条件替えするかを議論したことがあります。授業者は，長方形・ひし形・正方形・たこ形・台形・一般四角形などを想定していましたが，仲間からは「AB＝CB でありさえすればよい」と本質を見抜いた生徒は「AB＝CB のくさび形」「AB＝CB の二等辺三角形」「AB＝CB を半径とするおうぎ形」も考えられるのではないか，などの多様な意見が出ました。おかげで，授業を改善することができました。

盛り込み過ぎになったら「研究の目的」に戻りたい。
予想される生徒の反応は協働的に出し合おう。

43　研究授業で率先して記録を取る

研究授業に研究協力者の立場で参加するとき，どのような貢献ができるだろうか。記録を残すことで貢献するときには，どんな生徒の反応を記録するべきだろうか。

研究授業では「生」の生徒の反応こそ記録する

　研究授業に，ただの参観者ではなく，研究協力者の一員として参加するときには，できるだけ生徒の「生」の反応を記録するように心がけましょう。本番の授業であれば，その事実を基に後の分析が始まりますし，プレ授業であれば，その事実を基に授業改善が始まります。前項の題材を例にすると「生徒が自力で証明を書くのは無理だった」という感想を語る方がいたとします。しかし，生徒の事実はどうだったでしょうか。方針が立たずに書けない生徒もいるでしょうが，方針は立ったものの書き方で苦労している途中の生徒もいるでしょうし，すべて書ける生徒もいるでしょう。**授業を「研究」するためには，印象ではなく事実を基に論じる必要があります。**

　また，授業者が机間指導中に指名計画を立てているとき，実際には参観者の方がじっくりと生徒を観察することができたりもします。なぜなら，参観者は全体を見る必要がないので，一部の生徒をじっくりと観察できるからです。そんなときは，その生徒の試行錯誤の様子や変容のきっかけなどを記録しておき，後で情報共有をしましょう。

写真で記録を残す

　写真機能のある端末を持ち歩ける場合は，ぜひ生徒の試行錯誤の様子を撮

影しましょう。特に，生徒のワークシートは重要な研究資料となります。先の例では，「証明を書けていない生徒」とはどのような状態の生徒なのかを写真で記録します。また，「途中で悩んでいる生徒」の悩み方は何種類あるのか，それぞれ写真で記録します。また，条件替えをしたときのアイデアも写真で記録しておきます。

　一方で，ワークシートは回収してスキャンしておくことも大切です。ただ，生徒はどうしても一度書いたことを消しゴムで消すことがあります。だからこそ，授業途中での写真が大切になってきます。例えば，「Aさんははじめは○○と書いていたのに，最後には△△に書き直しているので，その意図を推測しよう」という質的な分析も可能になるからです。このように，**どんな試行錯誤があったかを特定できるような撮影を心がけましょう。**

ビデオカメラでの撮影はできれば2台で

　研究授業ではぜひビデオ撮影も行いたいところです。協力者の数にもよりますが，できることなら教室後方からの固定カメラと，生徒の机間を移動する移動カメラの2台です。

　まず，固定カメラは黒板全体と教師の動き方が記録できるように広角で撮影を行います。この記録を基に教師と生徒の対話場面などの発話記録を再現することができるようになります。

　一方，移動カメラは個々の生徒の様子を写真と同じように記録します。ただ，動画の強みは生徒間の対話の様子や，ワークシートに書いたり消したりする試行錯誤の様子が記録できることです。そのため，**対象となる生徒を事前に絞っておくなどの準備も必要になる**でしょう。

協力者として研究授業に参加するときは率先して記録を取りたい。
写真とビデオカメラはそれぞれの特性を生かした撮影をしよう。

44 協議会の司会を務めて 議論を深める

 **CHECK!**

協議会を充実させるために司会者にはどんな気配りが必要だろうか。授業者にとって収穫ある協議会とは，また参観者にとっての収穫ある協議会とはどんなものだろうか。

だれのための協議会かを意識する

多くの場合，研究授業の後に，協議会を行うことと思います。しかしながら，協議会の運営側の立場に立ってみると，その協議会の目的は何かと問われると答えが難しいことがあります。おそらくそれは，協議会によって答えが異なるからです。

例えば，初任者研修のような授業者の授業力向上を目指す場合は，授業者が最も収穫を得られるような協議会にしたいですし，公開研究会のように参観者の学びを優先する協議会であれば，参観者中心になります。地域の研究授業の場合は，このバランスがとても難しくなりますが，少なくとも，**①授業者にとって収穫のある協議会にする，②参観者に研究的な学びのある協議会にする，という２つの視点**だけは忘れずに進行したいところです。

授業者にとって収穫のある協議会にする

授業はだれが実践しても100点にはなりません。だからこそ，授業者は反省点を抱えながら協議会に参加し，厳しい意見をもらうこともあります。一方，最近は遠慮し過ぎて授業者のよかった点のみを伝える協議会も増えてしまっていて残念な気がします。授業者にとっての収穫とは何でしょうか。

答えは授業者によって異なるでしょうが，おそらく多くの場合に共通して

いる収穫は，**授業までに努力・挑戦してきたことに対するフィードバック**です。挑戦である以上，多くの場合は一長一短があるはずですが，それも含めた正当なフィードバックが得られることが大切ではないでしょうか。

そのためには，授業者が本授業で挑戦したことを「論点」として掲げる時間が一定程度ほしいところです。論点を明確にすることで，研究の意図もクリアに伝わっていくものです。

参観者にとって収穫のある協議会にする

参観者にとっての収穫とは何でしょうか。ここでは，参観者は研究協力者ではない，その授業だけを参観した数学科教師とします。すると，まずは研究の意図を学ぶという側面があるはずです。また，研究の意図に沿った授業構想から学ぶという側面もあるはずです。さらに，授業構想を臨機応変に調整しながら授業を実践する実践力から学ぶという側面もあるはずです。もっと言えば，参観者によって感じたことは異なるでしょうから，その視点は多岐にわたるはずです。

そこで，司会者はどんな論点が収穫になるのかを考える必要があります。「特にこの論点で議論したら実りが多い」と思われる論点を掲げて，一部の時間を費やすこともできます。一方，近くの参観者同士で自由に議論するような自由時間を設定することで，気兼ねなく感じたことをぶつけることができるはずです。

このような時間配分のバランス，論点整理は慣れるまでは難しいものです。しかし，**授業者にも参観者にも学びある協議会を実現し，「もう一度やりたい！」と思えるような協議会を目指しましょう。**

心得44

POINT!

授業者の挑戦に対するフィードバックを協議会に盛り込もう。
参観者の学びのための論点整理と自由な対話時間も盛り込みたい。

45 成果と課題をまとめる

研究をしたのに期待通りの成果が出ないとショックを受ける。また，成果と課題が見えてきてから，文章にまとめるまでで苦労することもある。そんなとき，どんな対処ができるだろうか。

研究成果は大きく2種類の方法から探る

　研究授業を終えると，授業中の成果をワークシートや写真・動画から掘り起こすことになります。また，事後調査を行ってその変容を調べることもあります。その際は，ありのままの事実を受け止めることが前提となります。研究は茨の道ですから，期待通りの成果が出ないことも多々あります。逆に，何も成果がないということはまずありません。全体的には期待外れの結果であっても，一部の生徒には望ましい結果となることがあります。

　そこで意識したいのは，**量的な研究と質的な研究がある**ということです。量的な研究は，クラス全員を対象にするなどして事後アンケートや調査問題の平均正答率などを比較することで一定量のデータを基にして数量的に分析をする研究方法です。一方，質的な研究は少数の生徒を対象に，授業過程でどのように悩み，調整しながら取り組んだのかというような数量では表せない個々のエピソードを明らかにする記述的な分析方法です。

　量的な研究の方が個々の生徒の事情によらず，一般的な傾向をつかみやすい一方で，実際に起こっている生徒個々の思考過程までは考慮しきれません。逆に，質的な研究はデータ数が少ないので一般化しにくいですが，生徒個々の生々しい現実を浮かび上がらせることができます。

質的な研究から成果を掘り起こす

２つの研究方法のどちらも活用できるとき，期待通りの成果が得られなさそうな場合は，一般的な傾向は望ましい方には向かないかもしれません。そんなときこそ，**結果を掘り起こす感覚が大切**です。授業中は生徒一人ひとり別の試行錯誤があり，それぞれの思考過程が隠れているはずです。まずは記録から期待通りの生徒を探します。期待通りかどうかさらに確かめたい生徒には，事後インタビューが効果的です。例えば「○○のときに，なぜこのように記述したのですか」のように質問することで，そのときの思考過程が明らかになることもよくあります。そうすれば，一部の傾向をもった生徒（例えば，図形を動的に捉えることのできる生徒）には効果的だったと成果を示すことができます。

成果と課題は研究目的と対応させる

成果と課題が明確になると，それを文章で記述する段階に入ります。数学教育の実践研究であれば，ほとんどの場合，抽象的な表現での一般論と，授業中の具体的な手立てや生徒の実際の姿で語る具体の両面が論文内に含まれるはずです。例えば，心得42の研究であれば，研究の目指す姿を「証明を活用して問題を発展し，本質を見いだす生徒」と一般論で表現することもできれば，「原証明の中の AB＝CB さえ成り立てば同じ結論が成り立つことを理解した生徒」と具体的に表現することもできます。

これらを考慮したうえで，**研究目的と対応させた表現で成果と課題を述べるようにしましょう。**

期待通りの結果が得られなさそうでも，質的な研究で成果を掘り起こそう。成果と課題は研究目的との対応で記述する。

46 成果発表と現場への還元を行う

CHECK!

自分たちの研究成果を発表することで，大きな一区切りを迎える。最後にどんな手伝いができるだろうか。また，成果発表はだれのためにするのだろうか。

研究会や論文として発表する

これまで協働して積み重ねてきた成果を研究会の資料や学会の論文の形にして発表することは，大切な成果発表の場です。自分たちの研究を自分たちだけのものにせず，広く普及させるためにも，ぜひ挑戦したいものです。ただ，資料や論文を書き終えたとしても，そこからもひと苦労があります。あなた自身が発表者ではない場合，どんなサポートができるでしょうか。

最も大変なのは，発表資料づくりです。研究会や学会に参加すると，多くの方はわかりやすく説明できるようにプレゼンテーションソフトを使ってスライドを準備しています。発表時間が15分であれば，その時間を厳守して構想から成果と課題までを述べる必要があります。発表者はその準備に追われるので，プレ発表などを聞いて，スライドや説明文の微調整を手伝うと，発表者は喜ぶでしょう。

また，最近はだいぶ減ってきましたが，紙媒体での資料を用意する場合，綴じ込み作業だけでもかなりの時間を要します。研究仲間で協力したいところです。

発表本番も同じ会場にいられるようであれば，**近くで見守るだけで，はじめての発表者には心強いもの**です。最後の慰労もお忘れなく。

さらに PDCA サイクルを回して次の研究へ

　ここまでを大きな1周目のサイクルと捉えると，**研究会や学会でアドバイスをいただいたことは，次の2周目のサイクルのスタート**とも言えます。極端に言えば，このアドバイスをもらうために発表をしているとも考えられます。特に，地域の教師たちが協働して創り上げた研究であれば，将来もう一度別のメンバーが追実践をして，さらなる修正を試みることもあるでしょう。このようにして，地道に研究を重ねていくことが着実な進歩を生みます。

　また，教師の授業力向上の面からも，PDCA サイクルを回して研究を継続することで，さらに研究の価値が高まると言えます。

最後は日常の授業のレベルアップにつなげる

　今年度試してみた研究実践の成果が共有されると，次年度はその成果が「試し」ではなく「日常」の授業に変わります。当たり前の授業がレベルアップすることこそ，本来の目的を達成した姿ではないでしょうか。

　だからこそ，地域の教師で協働した研究であれば，できるだけ該当校以外でも取り入れたいものです。もちろん，それぞれの授業者の思いが優先であるとは思います。そのため，理想的には，A先生はA先生なりの修正点を加えた追実践を行い，B先生はB先生になりの工夫を…というように，**それぞれの教師が少しずつ個性を出しながら追実践をすると効果的**でしょう。その後，それぞれの追実践をもち寄って議論する時間は楽しそうです。

　最後に，研究発表の場に出るようになると，その道のプロと出会い，一気に世界観が広がることがあります。ぜひ，勇気を出して一歩進みませんか。

　発表までの準備もしっかりサポートしたい。
　次年度は，研究実践を「試し」から「日常」の授業に変えよう。

【第5・6章参考・引用文献】

・心得41，45
野田敏孝（2005）『初めての教育論文』（北大路書房）

・心得42
加藤幸太，辻山洋介，柴田義之（2022）「数学的問題設定における証明の活用に着目した中学校数学科授業の設計と実践～「図形の合同」における授業の概要～」（『日本科学教育学会年会論文集46』pp.270-273）

・心得47，55
加藤幸太（2022）「課題設定から中学生が行う数学的探究の実践～課題設定に至るまでの過程に着目して～」（『千葉大学教育学部附属中学校研究紀要』第52集，pp.49-54）

・心得48
千葉大学教育学部附属中学校数学科（2022～2024）（『千葉大学教育学部附属中学校数学科研究会誌』（研究会配付資料））

・心得50
I. ラカトシュ（1980）『数学的発見の論理　証明と論駁』（共立出版）

・心得53
飯島康之（2021）『ICT で変わる数学的探究』（明治図書）

・心得54
加藤幸太（2023）「Less is More　少ないことから多くを学ぼう」（『教育科学　数学教育』2023年11月号，No.793，pp.54－59（明治図書））

第6章
率先して新しいことに
チャレンジする

47 個別最適な学びを実現する

 CHECK!

数学科で個別最適な学びを実現するというと「指導の個別化」を想像することの方が多い。では,「学習の個性化」にはどんな方法があるのだろうか。

問題演習を生徒が選択する

　個別最適な学びにも様々ありますが,ここでは「指導の個別化」ではなく「学習の個性化」の側面で考えていきます。最も実現しやすい方法は問題演習（自習）を生徒自身に選択させることだと思います（心得31参照）。とはいえ,ここにも2つの選択があります。1つは,どの問題を選ぶかという「学習内容」の選択です。もう1つは,1人で進める,友だちと相談しながら進める,端末で進める,ワークで進めるなど「学習方法」の選択です。

　生徒が自分にとって必要な内容と方法を選ぶわけですから,当然ながらはじめは的外れな選択をする生徒も出てきます。しかし,そんなときでも教師が適切な内容・方法に変えるように指示するべきかどうかは一歩立ち止まって考える必要があります。本来,個別最適な学び,特に「学習の個性化」の側面では,生徒自身が自らの学びを調整することが期待されています。つまり,**生徒自身が「今回の問題は難し過ぎたな。もう少し基礎からやり直そう」というように,自分で調整するような振り返り場面こそが大切**なのです（もちろん,振り返っても調整できない生徒への指導は必要です）。

問題を共通にして,解決方法を生徒が選択する

　学級全体で授業を進める中でも,全員共通の問題であっても解き方が様々

で，どれでも選べることがあります。例えば，二次方程式$(x-3)^2=16$は「平方根の考え」「解の公式」「因数分解」のどの方法でも解くことができます。このときにどの方法で解決するかは，生徒に委ねるべきです。一方，先ほどと同じように，**自由に選択した後は，他の解き方は自分に合っているのかどうかという視点で，振り返りをさせることが大切**です。

学習内容も解決方法もすべて生徒が選択する

　さらに生徒に委ねると，理科の自由研究のように，生徒に探究テーマを決めさせることもできます。ただ，すべての生徒に取り組ませるのは荷が重いので，私は数学好きの取り組みたい生徒だけが自由に選択して，半年間かけて探究する取組を実施したことがあります（心得55参照）。中には，「四次元の"立方体"とは何か」を探究するなど，教師も顔負けの生徒が現れることもありました。

　一方，より多くの生徒に取り組ませるのであれば，授業で学んだ題材の発展を自由に行うレポート課題のようなものが望ましいと思います（この場合であっても，一部の生徒には特別な配慮が必要になります）。

　詳しくは次項でご紹介しますが，教師が条件替えしやすい原問題を提示し，学級全体で原問題と発展例の解決までを共有しておくと，その流れで，それぞれが興味・関心にしたがって条件替えを行い，個性に合ったレポートを作成します。

　なお，時間が許すのであれば，**レポートを作成して終わるのではなく，仲間との発表などを通して，協働的に深める時間や，振り返る時間を設けたい**ところです。

　個別最適な学びにもいろいろな種類がある。どの方法でも最後に振り返りをして，自分の探究過程を見直させよう。

48 生徒にレポートを作成させる

LookBack レポートを作成させる

レポートにも様々なものがありますが，まず1つ目に「LookBack レポート」という取組をご紹介します。これは，テスト直しを原型としています。元来のテスト直しは形骸化しがちで，1問1問を丁寧に振り返らせるのは難しいと感じます。そんな中で，**たった1問であっても授業中の学び方が適切だったかどうかまで含めて振り返るようなレポートが効果的ではないか**と考えたのが，LookBack レポートです（心得6参照）。

私は授業中に自分なりの気づきや疑問をメモに残すように指示しています（心得28参照）が，そのメモを生かしてこそ解決できるようなテスト問題を意識的に出題しています。正解の生徒も不正解の生徒も，その中から1問を選び正答・誤答の原因をメモと結びつけて振り返り，今後の改善案（これからのメモの取り方など）を記述させています。分量は A5サイズ1枚程度ですから，15分程度で書くことができます。

単元レポートを作成させる

次は，生徒に学習内容と解決方法の両方を選択させる「単元レポート」という取組です。このレポートは単元末に2時間扱いで行います。単元を進める中で，生徒の問いを日々取り上げていると，すべての問いを扱えず「棚上

げ」になる問題が出てきます。このような**棚上げ問題を全体で共有しておいて，たくさんある棚上げ問題の中から好きなものを選択して，自由に探究させます。**２年生の図形領域でのテーマ例をいくつかご紹介します。

　・星形五角形を星形七角形にしたら先端の角の和は何度になるのか。

　・たこ型は四角形のベン図のどこにあるのか。

　・くさび形でも等積変形できるのか。

　毎単元２時間を捻出することが難しいので，年に２〜３回（計４〜６時間）を充てます。１時間目はレポート作成時間，２時間目は班での発表と振り返りの時間とします。しかしながら，１時間目だけでレポートが完成する生徒は少ないので，ほとんどの生徒は家で続きを進めることになります。

発展レポートを作成させる

　単元レポートと同じ主旨のまま，「いつでも」「好きなだけ」提出できるようにしたものが「発展レポート」です。

　発展レポートは，提出してもしなくてもよいレポートです（実際には，公平性を意識して，計算練習をするか発展レポートを作成するかどちらかを選択させることにしています）。また，いつでも出せるので，「今日の授業で問いが浮かんだ」という生徒だけが，家で授業の続きを探究して A4用紙１枚程度のレポートを作成します。

　連立方程式の単元での例をいくつかお示しします。

　・係数が整数でなくて，小数になったらどうすればよいか。

　・Ａ＝Ｂ＝Ｃ型は，本当にＡ〜Ｃのどれを２回使っても解が同じなのか。

　・連立方程式がもし３文字だったら解けるのか。

　レポートにもいろいろなタイプがある。
　生徒の問いを日々扱っていると素朴な問いがテーマになる。

49 教科横断的な授業をつくる

他教科と数学を関連づけて実践することを考えるとき，最も関連づきやすい理科であっても，数学科側のメリットはもちろん，相手側教科のメリットも理解することが重要。

必要感のある題材を選ぶ

カリキュラム・マネジメントの題材はどのように選びますか。**他教科と横断的な授業の必要性が強調されるあまり，関連づけること自体が目的になり，どのようなメリットがあるのかが曖昧になってしまいがちです。**そんなとき，まずは数学科として必要な場面を探すことが重要です。例えば，多くの生徒が苦手とする濃度の問題。1，2年生の方程式の利用で扱う定番教材ですが，そもそも理科で習う「濃度」とは何かという疑問をもつ生徒が多いのではないでしょうか。また，私は相似比の学習で地図の縮尺と関連づけるのですが，「1／5万の縮図」という感覚が「相似比1：5万」とはつながっていないように感じます。

では，相手の教科からするとどうでしょうか。よく耳にするのが「計算になるとできない」という悩みです。これが，計算技能が不十分なことが原因なのか，関係式の概念理解が不十分なことが原因なのかは他教科の先生方には難しい判断かもしれません。こんなときに，お互いのニーズが合致し，横断的な授業が動き始めるのです。

密度の計算と比例関係を関連して扱う

理科で苦手とする生徒の多い密度の問題を例に考えます。密度の概念は

「内包量」の1つで，「質量÷体積」という2つの数量の商で求めます。すると，目で見ただけでは密度の大小はわからず，計算もやや複雑であり，「体積1㎝³当たりの質量」と言われてもピンとこない生徒が多いという実態が想定されます。まして，密度を求める問題から発展して，「密度6g/㎝³の鉱石30gの体積を求めなさい」のような体積を求める問題になると，「体積＝質量÷密度」と考えることができず混乱する生徒も多そうです。

　一方，数学では「体積が増えると比例して質量も増える」という比例関係で密度を捉え直すこともできます。理科での学習の後に数学の比例の学習で密度を題材にすることで，xを体積，yを質量としたときに$y=ax$のaは密度を表していることがわかります。その後，先の問題は$a=6$，$y=30$のときのxの値を求める問題に帰着することができます（心得33参照）。

他教科と数学それぞれにとってのメリットを明確にする

　上の例だと，理科にとってのメリットは何でしょうか。理科だけで学習すると，教科書通りの「密度＝質量／体積」という関係は理解できても，「質量＝密度×体積」の同値関係に変形する発想は難しいでしょう。しかし，数学の比例関係$y=ax$を用いれば，むしろ自然な形でy（質量）を求めることができます。また，x（体積）を求める場合にも役立つでしょう。

　一方，数学にとってのメリットは何でしょうか。数学では比例関係$y=ax$を見いだす導入では，具体的でどの生徒にも共通の実体験が有効です。そのため，理科を先行し，その後に数学が始まるようなカリキュラム・マネジメントは数学科にとって望ましいと言えます。また，理科では密度の求め方を学んだ後に，数学の学習を生かして関係を捉え直す場面が必要になります。

他教科にとってのメリットも十分考慮したうえで，カリキュラム・マネジメントを行おう。

50 反例を活用した 探究的授業をつくる

CHECK!

生徒が次々と問いを見いだし，深化発展していく授業は理想的。その一例として，一般性を探る授業，特に反例を活用しながら探究する授業は有効。

一般性と反例が授業を探究的にしてくれる

文字式や図形の性質では，「いつでも成り立つ」という一般性を問うことは生徒にとって自然で，探究に向かいやすい問いと言えます。そこに，反例（反例でなくても「成り立たない例」であれば十分）が見つかると，問いがさらに深化発展し，「どんなときだと成り立つ（成り立たない）のか」と次の探究に進みやすくなります。教師の教材研究が授業を左右する場面です。

以下に，「反例」の用語を習う前の原体験となる1年生の文字式の計算の事例と，単元の流れの中で扱う2年生の図形の事例をご紹介します。

文字式の原理・原則の理解を深める

1年生で文字式の計算に入るときの授業です。

> 「$2x$ と $3x$ は $3x$ の方が大きい」は正しいか，間違っているか。

生徒たちの多くはまずは正しいと考えると思います。しかし，時間が経つうちに，「x にどんな数を入れても必ず $3x$ の方が大きいと言えるのか」という一般性を問題とし始め，「$x=-5$ のときは逆になる」のように反例を示す生徒が現れます。この流れから「文字式で『正しい』とは，x にどんな数を代入しても成り立つことであり，1つでも成り立たない例があれば『正

しい』とは言えない」という文字式の原理原則を理解させることができます。

その後「『正しい』場合はあるのか」という問いから，「$2x+3x=5x$ は正しいか」を議論します。生徒はいつも以上に一般性を示そうと意識するので，x を単位とした考え方や分配法則に基づいた説明に驚くはずです。

反例の乗り越え方は大きく２種類

２年生の合同条件の授業です。前時に習った合同な図形の性質に対してその逆となる「対応する辺の長さがすべて等しいならば合同である」が正しいかを議論します。はじめは多くの生徒が正しいと考えますが，一部の生徒が三角形ではなく四角形を調べ始めます。すると，下のように，ひし形と正方形のような反例を見つけ出します。

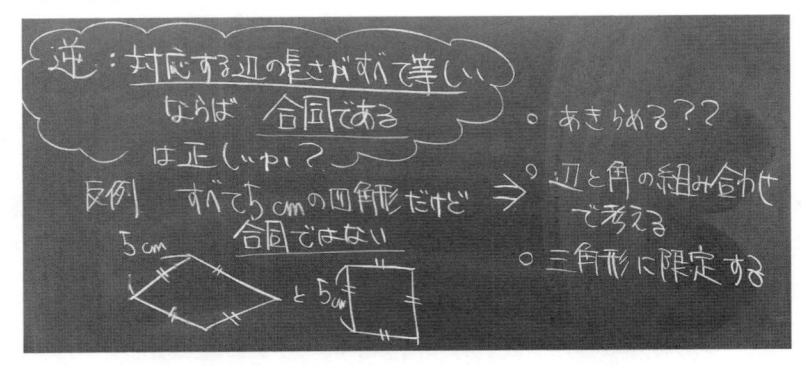

しかし，生徒は「成り立たないからあきらめる」のではなく，２通りの乗り越え方を考えます。一方は，「２組の辺とその間の角」のように辺と角の組み合わせを条件にして，四角形でも適用できる条件をつくろうとする方法です。もう一方は三角形の場合のみに適用範囲を限定する方法です。

一般性と反例を組み入れた授業は探究的になる。
反例の乗り越え方は２つ。教師の教材研究が生徒の探究を促す。

51 統合的・発展的に考える 授業をつくる

統合・発展を目指す探究的な数学の授業は理想的な実践の１つ。しかし，教師自身が経験したことが少ないためか，イメージがわかないことも多い。どんな配慮が必要になるだろうか。

統合・発展を目指すときはその他の負担を軽減する

統合・発展を目指す授業では，原問題が解決された後の時間を十分に取ることが必要です。私のイメージでは，２時間扱いの授業で１時間目にはバラバラに見えていたものが，２時間目の終わりには同じものに統合されて見えるようになるという展開が標準的だと考えます。

それでも生徒は頭をフル回転させるでしょうから，その他の思考の負担は軽減したいところです。具体的に，２年生の文字式で扱う「連続する３つの整数の和」の実践を例にして，ご紹介します（心得25参照）。

説明を記述せず方針の確認のみにする

まず，原問題の前に「３＋４＋５」のように「連続する３つの整数の和」を具体数で捉えます。そして，計算結果が「３×４」になっていることから，原問題「連続する３つの整数の和はまん中の数の３倍になる」を予想します。このとき，正確な記述説明を求める授業もありますが，統合・発展を目指す場合は，板書のような式変形だけで十分だとします。「n を整数として，…」という記述説明は時間的にも思考的にも負荷が大きいからです。

次に，連続する整数を５つ，４つに条件替えして，次ページの板書のように解決します。このように，３つと５つのときは「真ん中の数×連続する整

数の数」で共通しているのに，４つのときは仲間はずれになっていることを共有します。

統合の前にはバラバラな感覚を共有しておく

　およそこのあたりで２時間目に入ると思いますが，復習しながら「４つの場合は３つや５つの場合と違うのか？」という学習問題を立てます。

　ここで生徒たちに自由に探究する時間を与えると，「奇数個の場合は真ん中があるからいつでも共通しているのではないか」という見通しから，７つの場合で確かめる生徒や，「４つの場合も『真ん中の２数の和×２』にはなる」と考えて，$4n+6$ を $2\{(n+1)+(n+2)\}$ と変形する生徒が現れてきます。それらの意見を基に，「４つの場合も仲間にできないか」と促すと，真ん中を $n+1.5$ と捉えて，$4(n+1.5)$ を思いつく生徒が現れ，統合的に解決することができます。

　ここでのポイントは，生徒自身が「統合したい」つまり「４つの場合も『真ん中の数×４』にしたい」と思えるかどうかです。だからこそ，第２時の前半では**「４つの場合だけが仲間はずれになっている」ような印象を与えるように板書し，授業後半で統合のよさを実感できるようにしたいもの**です。

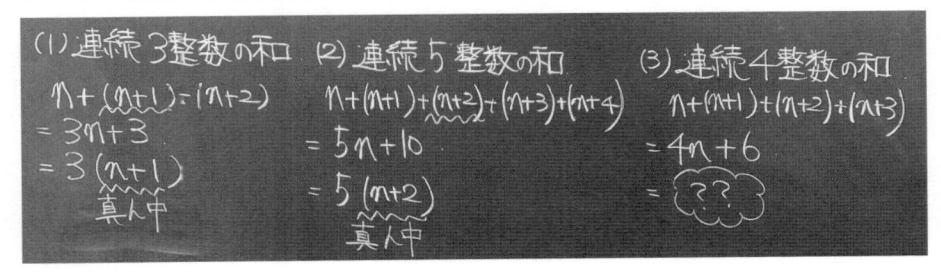

心得51

統合・発展まで目指す探究では２時間扱いのゆとりと負担軽減を。
統合したいという動機のために，バラバラな感覚を共有しよう。

52 生徒が数学の「よさ」を価値づける

CHECK!

数学のよさを生徒が価値づける授業とはどのような授業だろうか。教師は「ここが大切です」と価値づけることはしないため，いかにして生徒に実感させるかが重要。

まずは数学のよさを教師が理解する

数学のよさはたくさんありますが，教師は当たり前に数学を使いこなしているので，案外そのありがたみを忘れかけているかもしれません。例えば，連立方程式の単元で習う「加減法」や「代入法」のよさは何でしょうか。

これを再認識するためには，「加減法」や「代入法」がなかったらどうなるかを想像するとわかりやすいです。おそらく，2つの x と y に直観で数を当てはめて「外れた」「おしい」「やった，ピッタリだ」のように，解を求めることになるでしょう。

そう考えると，「加減法」や「代入法」のよさは，百発百中で確実に解が出せることと言えます。このような数学のよさは「は・か・せ・どん」と呼ばれることがあります。

> は…速く　　か…簡単に　　せ…正確に　　どん…どんなときも

まずは教師自身が理解したうえで，授業の目標として設定したいものです。

生徒によさの反対の不便を実感させる

では，このよさを生徒に実感させる授業とは，どのような授業でしょうか。まずは，よさの正反対で，不便な状態を体験させることから始めてみましょ

120

う。例えば，$\begin{cases} x+y=5 \\ x-y=3 \end{cases}$ を加減法や代入法の知識なく考えさせます。2つの x には同じ数が当てはまり，2つの y にも同じ数が当てはまることだけは理解させておきます。すると，直観で $(x, y)=(4, 1)$ を求める生徒が現れると思います。そして，次に $\begin{cases} 4x+3y=4 \\ -2x+3y=1 \end{cases}$ を出します。するとなかなか解を求めることができません。解が $(x, y)=\left(\dfrac{1}{2}, -\dfrac{2}{3}\right)$ なので無理もありません。**このような面倒な経験をしておくと，計算が苦手な生徒でも「加減法」や「代入法」を便利なものと感じ，そのよさを実感する**でしょう。

よさは生徒なりの言葉でまとめさせる

　さらによさを確実に理解するためには，授業の最後に自分の言葉でまとめとして記述させることが有効です。

　上の授業であれば，はじめて加減法を学習する際の学習問題を「加減法のよさは何だろう？」としておきます。加減法で一方を消去できると「昨年習った一元方程式に戻せる」というよさも同時に学習することにはなりますが，「前回の直観で解く方法と比べて，加減法がよいと思うことは何か」を記入するように促せば，「確実に解ける」「迷わずに解ける」「パターン的に解ける」などの「よさ」が文章化されることでしょう。最後にそれらを共有してまとめれば，よさが定着することでしょう。

　私はさらに一歩進んで，テストでこのようなよさの理解を出題できないものかと考えています。**学習問題をそのままテスト問題に変えたときに，まとめと同趣旨の内容が書ければ正解**という形です。

心得52

POINT!

よさを実感させるには，反対の不便さを実感させることから。
よさを自分の言葉でまとめることで定着を図ろう。

53 生徒が動的図形ソフトを活用して数学的探究を行う

CHECK!

教師がソフトを活用して提示する授業はよく見られる。しかし，生徒自身が活用する授業はまだ多くない。生徒が活用する探究的な授業はどうするべきだろうか。

原問題を通して動的図形ソフトを使う意欲を喚起する

ここでは，動的図形ソフトの GeoGebra を例にします。紙と鉛筆ではなく，GeoGebra を活用して探究するメリットは何でしょうか。例として，中学3年の中点連結定理を利用した次の問題で考えてみましょう。

【原問題】

四角形 ABCD がある。4辺 AB，BC，CD，DAの中点をそれぞれ，P，Q，R，Sとするとき，四角形 PQRSはどんな四角形になるか。

（答え：平行四辺形）

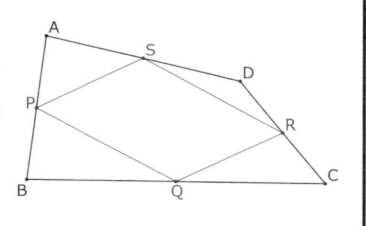

原問題は対角線 AC，BD を引いてそれぞれの三角形で中点連結定理を用いることで PQ＝SR，PQ∥SR，PS＝QR，PS∥QR を導くことができるので，四角形 PQRS が平行四辺形であることが解決できます。

この後「外が別の形になったら，中はどんな形になるのだろうか」と問いかけ，学習問題とします。すると生徒たちは，外の四角形を好きな図形に変形させて調べるために，紙と鉛筆よりも GeoGebra を活用したくなります。

図形を動かす中で生徒が大発見をする

　生徒は様々な形に変形をします。典型的な反応は，右のように外が長方形，ひし形をはじめ，正方形や平行四辺形などで試すことでしょう。

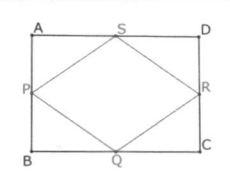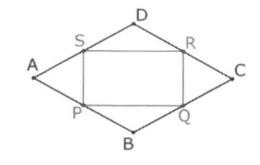

　やがて，外がたこ形でも中に長方形ができることや，外が等脚台形のときに中がひし形になることに偶然気づく生徒が現れ始めます。さらに下図右のように，「外がただの四角形なのに中に正方形ができる」と大発見して大はしゃぎする生徒も現れます。その結果，AC と BD の2本の対角線の関係こそが中の図形を決定している本質的な要素であることが明確になります。

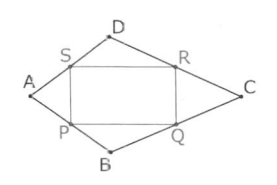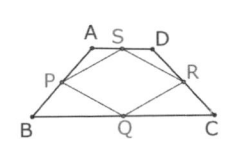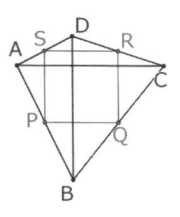

苦手な生徒でも授業のヒーローになれる

　本授業を考えると，GeoGebra を生徒が自由に活用するからこそ，上図右を発見することができます。そして，**この発見は苦手な生徒でも可能であり，その生徒が授業のヒーローになるかもしれません**。このように，図を動的に捉えることを一歩進めて，自分で探究できる授業を実現しましょう。

心得㊼

　図形を生徒が動かしてこその探究が実現できる。動的図形ソフトは，時に苦手な生徒をヒーローにしてくれることがある。

54 Less is More を具体化する

「少ない内容から多くを学ぶ」というカリキュラムが求められており，各教科で実践者と研究者が手を合わせて開発されるべき。では，数学科ではどのような実践がその具体となるのか。

カリキュラム・オーバーロードに立ち向かう

　カリキュラム・オーバーロードという言葉をご存じでしょうか。学習内容が増えすぎてしまい飽和状態になっていることを示す言葉です。そのためには，カリキュラムの精選が必要と言われますが，私はその精選の基準が今後の争点となってくると考えています。その1つに**「Less is More（少ない内容から多くを学ぶ）」という考え方**があります。

　私はこれを「数学的な前提知識は少なくても，探究過程が学べる授業」と捉えて研究しています。以下に示す具体例は，2年生図形領域の題材で，前提となる知識は「三角形の内角の和は180°」「二等辺三角形の2つの底角は等しい」だけですが，一般的に成り立つかどうか議論が揺れながら，前提条件を捉え直すという探究を可能にしてくれます。

原問題でわざと仮定を曖昧にしておく

【原問題】
　右図で△ABC は AB＝ACの二等辺三角形で，∠A＝40°である。AB 上に∠BCD＝20°となる点Dを取るとき，∠CDB の大きさを求めなさい。

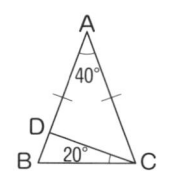

（答え：90°　証明は省略）※あえて線分 AB とも直線 AB ともせず AB 上とする。

　この原問題を条件替えして，∠A＝50°，∠BCD＝25°としても答えは変わらず90°になります。そこで，学習問題を「∠BCD＝$\frac{1}{2}$∠A であれば，∠A が何度でも∠CDB＝90°が成り立つか？」と設定します。

曖昧な仮定のおかげで「限界」に気づき始める

　生徒たちは∠A を様々な角度に変えて調べますが，この題材ではあえて鉛筆と紙で考えさせます。すると，∠A が90°を越えたときに，下図左のような「変な図」をかく生徒が多数現れます（55°が底角35°の中に入っている）。一方，∠A＝a°として一般的に証明して，必ず90°になることを示す生徒も現れるため，疑問だらけになってきます。

　そこで，下図左が正しい図かどうかを論点にすると，下図右のように点Dを辺 AB の延長上に取る生徒が現れてきます。

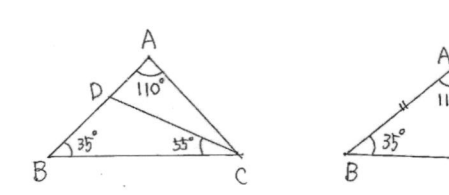

　この違いから，「点Dを取るために辺 AB を延長してもよいのか」が問題となり，「AB 上」という仮定の曖昧さが議論の対象となります。最終的には，「辺 AB 上」であれば∠A が90°までの範囲で，「半直線 AB 上」であれば∠A が180°までの範囲で，必ず∠CDB＝90°が成り立つと言えます。

POINT!

　少ない前提知識から多くを学ぶ Less is More を具体化しよう。
　仮定をわざと曖昧にすることで探究過程が豊かになる。

55 生徒にすべてを委ねてみる

学習内容・学習方法のすべてを生徒の個性に委ねたときに，どのような数学的活動が実現されるのだろうか。一部の生徒が対象ではあるが，彼らの探究力を引き出すことが可能になる。

個別最適な学びを究極に進めると自由研究になる

　理科の自由研究は多くの地域で夏休みの宿題になっていると思います。自由研究は，探究する内容も方法もすべて生徒自身で決めています。数学でも同じようなことはできないでしょうか。

　私は過去に，数学好きの生徒のみを対象として，半年間をかけて自分でテーマを決めて探究するゼミを担当したことがあります。まるで，理科の自由研究の数学版のようなものでした。そのときの紹介を通して，将来さらに個別最適な学びを推し進めたときの究極の姿をイメージしてもらえたらと思います。もちろん，対象生徒は一般的ではなく，数学が好きな生徒や得意な生徒ですから，そのまま一般の中学生に当てはまることではありません。

テーマ選びが難しい

　当然ながら一番大変なのはテーマ選びです。はじめからテーマを決めていて，ブレなかった生徒もいましたが，多くの生徒は本やインターネットから題材を見つけて，自分なりに深めては題材を変更するということを繰り返していました。テーマ選びまででおよそ4か月程度を費やしていましたが，次ページのようなテーマの生徒がいました。

　①～④は生活から着想したテーマでした。①は音楽の周波数と数学の関連

> ①音の中の法則性
> ②検証！　紙を半分に折る限界は何回なのか？
> ③ファミレスのレシート入れの表面積を求める
> ④エコな缶じゅーす　〜立体図形の体積に対する表面積〜
> ⑤四次元立方体は二次元で表すことができるか

性を基にした探究でした。②はいくらでも紙が折れるとしたら何回で月に届くのかを調べました。③は円柱を斜めに切断した形のレシート入れを中学校の知識の中で近似して求める探究でした。また，④は円柱の缶型と直方体の紙パック型の容器でどちらの方がエコなのかを調べた探究でした。また，⑤は二次元と三次元の規則性から類推して四次元に立方体のようなものが存在したら，それを二次元の展開図にできるかどうかを調べたものでした。

どれも，生徒の個性が存分に生かされていることが印象的でした。

生徒たちは大満足

この取組は3年間続けましたが，多くの生徒は達成感をもって最後の発表会まで仕上げることができました。中には，次年度ももう一度挑戦したいと本ゼミに参加する生徒もいました。

これからの時代は一部の生徒を対象にした，このような探究も増えるかもしれません。だからこそ，教師は絶えずアップデートを続ける必要があるのだと思います。**特に，数学科主任の先生方は，「学び続ける教員の見本」になります。**生徒のために，一緒に精進していきましょう。

数学にも自由研究があっていい。
一部の生徒対象の実験的実践でも，挑戦する価値は十分にある。

【著者紹介】

加藤　幸太（かとう　こうた）

1978年生まれ。千葉県で16年間の公立中学校勤務を経て，千葉大学教育学部附属中学校に７年間勤務。2024年より千葉県大多喜町立大多喜中学校教諭。現場の授業実践者であるだけでなく，研究活動や実習生指導にも多くの経験があり，本書の中にも，それらの経験が数多く紹介されている。

日本数学教育学会実践研究部中学校部会常任理事を務め，令和２年度と５年度には，日本数学教育学会中学校数学授業づくり研究会の授業者も務める。

共著に『板書で見る全単元・全時間の授業のすべて　数学　中学校２年』（東洋館出版社）。日本数学教育学会や日本科学教育学会などで実践研究論文を多数発表している。

実務が必ずうまくいく
中学校　数学科主任の仕事術　55の心得

2025年３月初版第１刷刊　©著　者　加　藤　幸　太
　　　　　　　　発行者　藤　原　光　政
　　　　　　　　発行所　明治図書出版株式会社
　　　　　　　　　　　http://www.meijitosho.co.jp
　　　　　　　（企画）矢口郁雄（校正）大内奈々子
　　　　　　〒114-0023　東京都北区滝野川7-46-1
　　　　　　振替00160-5-151318　電話03(5907)6701
　　　　　　　　　　　ご注文窓口　電話03(5907)6668
＊検印省略　　　　組版所 株 式 会 社 木 元 省 美 堂

本書の無断コピーは，著作権・出版権にふれます。ご注意ください。

Printed in Japan　　　　　ISBN978-4-18-450831-6

もれなくクーポンがもらえる！読者アンケートはこちらから→